CD付き

1日10分でわかる！話せる！
中国語スタートBOOK

韓応飛・鈴木健一＝著

ナツメ社

はじめに

　「子どものときから、中国の歴史・文化に関心があった」「大学で中国人の留学生と友達になった」「会社の仕事で中国に出張しなければならなくなった」等々……中国語を勉強しようと思ったきっかけは人によって様々でしょう。

　また、中国語の勉強のしかたも人それぞれであるに違いありません。駅前の中国語教室に通ったり、テレビやラジオの中国語講座で学んだり、あるいは中国人の友人に個人指導してもらう人もいるかもしれません。

　どのような勉強方法であっても、語学の学習で最も大事なのは文法を基礎から一つ一つ確実に押さえることです。中国語の勉強でもそのことは全く変わりありません。文法を正しく覚えていなければ、中国語で満足に話すこと、書くこと、読むことはできません。

　本書では、初心者が押さえておきたい中国語の文法の基礎を、会話を通じて無理なく学べるようになっています。会話で出てくる表現はどれも実際に中国で中国人が話しているものと同じなので、文法を単なる知識としてだけではなく、それが生活の場でどのように使われているのかを実感できるはずです。

　中国語の勉強が進めば進むほど、漢字という文字に限らず、日本語がどれほどこの言語の影響を受けているのかを知るはずです。また、日本人と中国人の発想や感覚の違いも意識するようになるでしょう。ぜひ、本書を活用して、中国語への理解を深め、中国の人々とのコミュニケーションを楽しんでください。

著　者

本書の使い方

　本書は、中国語の必要最小限の文法と、基本的な日常表現を学ぶための入門書です。1つの文法について1日10分で学習できるように、コンパクトにまとめてあります。
　その課で学習する文法は、「今日の例文」や「言いかえフレーズ」「会話例」で繰り返し学習できますので、自然とスムーズに覚えることができます。

※すべての中国語にルビをつけていますが、ルビはあくまでも参考です。ピンインを参考にCDをよく聞いていただいて、正しい発音を身につけましょう。

第1章　中国語の書き方・読み方・発音ルール

　第1章では、中国語を学習する前に知っておきたい基本知識をまとめています。

　文字の仕組みから母音・子音はもちろん、中国語の特徴である四声についても丁寧に解説しています。また章末には、日常でよく使われる中国語会話の基本表現をまとめています。

　CDで発音をしっかり確認して、実際に使えるようにマスターしましょう。

第2章 基本の文法と会話（30日分）

今日の例文：この課で学習する文法を使った例文です。

CDのトラック番号：CDには、「今日の例文」「言いかえフレーズ」「会話例」「単語」などを収録しています。

会話例：この課で覚える文法を使った会話例です。いろいろなシーンが掲載されているので、楽しんで学習できます。

吹き出し：キャラクターが文法や会話例の補足説明をしています。

言いかえフレーズ：この課で学習する文法をもとに、単語などを入れ替えた応用フレーズです。

単語：「今日の例文」にそのまま入れ替えて使える単語や、「会話例」に関連した単語などを紹介しています。

豆知識：中国に関してのショートコラムです。

※豆知識、プラスアルファーは、課によって異なります。

プラスアルファー：この課で学習する文法に関連して、覚えておきたいプラスアルファーの内容を、例文を交えて解説しています。

- 各課のおさらいとして**練習問題**を3回分掲載しています。

- 各課の例文を使った**まとめ会話**を3回分掲載しています。

別冊　復習書き取りドリル

別冊では、本編で学習した内容を書きこみができるようになっています。

書きながら復習することで、本編で学習した内容をしっかり身につけることができます。

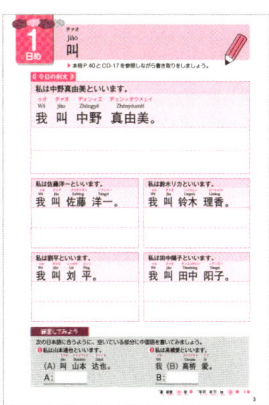

5

CONTENTS

はじめに 3
本書の使い方 4

第1章 中国語の書き方・読み方・発音ルール

1　中国語とは 10
2　中国語の発音 12
3　母音と複母音、nまたはngをもつ母音 14
4　子音 22
5　声調変化とr化 26
6　数字と時間、色・柄、味 28
7　中国語会話の基本表現 32

第2章 基本の文法と会話

1日め 叫（チァオ） 40
〜といいます [名前の表し方]

2日め 是（シー） 42
〜です [英語でいうbe動詞の使い方]

3日め 吗（マ） 44
（〜です）か？ [疑問詞]

4日め 学习（シュエシー） 46
勉強します [一般的な動詞の使い方]

5日め 难、容易（ナァン、ロォンイー） 48
難しいです、簡単です [形容詞の使い方：叙述]

6日め 不（ブー） 50
〜ではありません [否定文]

7日め 的（トヲ） 52
〜の [所有や所属を表す：的の使い方]

8日め 这、那（ヂヲ、ナー） 54
これ、あれ [ものを指す：代名詞]

6

9日め	**吧**(バ)	56
	〜しましょう [勧誘の表現：勧誘の語気助詞]	
10日め	**真、太、不太**(チェン、タァイ、ブータァイ)	58
	本当に、とても、あまり〜でない [形容詞を修飾する：程度を表す副詞]	
◆練習問題①		60
◆まとめ会話①		62
11日め	**在**(ザイ)	64
	います・あります [存在・所在の表し方①]	
12日め	**有**(イオウ)	66
	います・あります [存在・所在の表し方②]	
13日め	**什么**(シェンマヲ)	68
	何？　どんな？ [英語のwhat?の表現]	
14日め	**多少**(トゥオシァオ)	70
	いくつ？　いくら？ [数量の尋ね方]	
15日め	**个**(クヲ)	72
	1個、1杯などのいい方 [数量を数える表現]	
16日め	**为什么**(ウエイシェンマヲ)	74
	なぜ？ [理由の尋ね方]	
17日め	**几**(チー)	76
	いくつ（何）[少ない数の尋ね方]	
18日め	**哪儿**(ナアル)	78
	どこ？ [場所の尋ね方]	
19日め	**了**(ラ)	80
	〜した、〜をし終えた [動作の完成、実現を表す表現]	
20日め	**请**(チィン)	82
	〜してください [依頼をするときの表現]	
◆練習問題②		84
◆まとめ会話②		86

CONTENTS

21日め	要 <small>イアオ</small>	88
	ほしい [注文をするときの表現]	
22日め	和 <small>フヲ</small>	90
	～と～ [複数の語句を並べるときの表現]	
23日め	还是 <small>ハイシー</small>	92
	それとも [選ばせるときの表現]	
24日め	怎么 <small>ゼンマヲ</small>	94
	どのように [手段・方法を尋ねる表現]	
25日め	什么时候 <small>シェンマヲ シーホウ</small>	96
	いつ [時を尋ねる表現]	
26日め	想 <small>シアン</small>	98
	～したい [希望・願望の表現]	
27日め	过 <small>クゥオ</small>	100
	～したことがある [経験の表現]	
28日め	可以 <small>クヲ イー</small>	102
	～してよい [許可の表現]	
29日め	能・会 <small>ノヲン フゥイ</small>	104
	～できる [可能を表す表現]	
30日め	在・正在 <small>ザイ ヂヲンザイ</small>	106
	（ちょうど）している [動作の進行の表現]	
◆練習問題③		108
◆まとめ会話③		110

📝 **別冊** 復習書き取りドリル

第1章

中国語の書き方・読み方・発音ルール

中国語の特徴や日本語との類似点、中国語の構造などを知り、ピンイン、四声、発音のルールについて学習しましょう。発音は第2章を学習するときにも繰り返し出てきますので、少しずつ覚えていきましょう。

1 中国語とは

「中国語」は北の方言をもとにつくられた

　中国では日本と同様、地方ごとに様々な方言が存在し、同じ漢字を使っていても、読み方が全く異なることが珍しくありません。そのため、上海の人と広東の人がそれぞれの方言で話した場合には、相手が何をいっているのか全く理解できない、という状態になります。

　これから学ぶ中国語は、北京を中心とした地域で話されてきた北方方言をもとにつくられたもので、中国では「普通話(プートンフゥア)」と呼ばれています。普通話は、学校教育などで教えられている標準語なので、それを話すことができれば、基本的にどこでもコミュニケーションをとることができるでしょう。

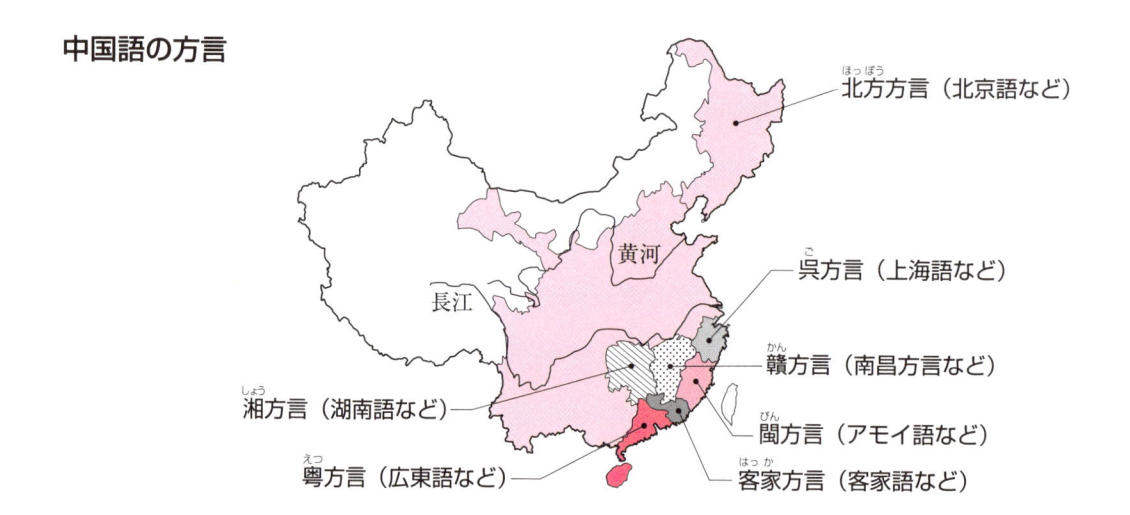

中国語の方言

- 北方方言（北京語など）
- 呉方言（上海語など）
- 贛方言（南昌方言など）
- 閩方言（アモイ語など）
- 湘方言（湖南語など）
- 粤方言（広東語など）
- 客家方言（客家語など）

日本の漢字とは違う簡体字(かんたいじ)

　中国語はすべて漢字で成り立っています。ほとんどは、日本でも一般的に使われている漢字ですが、你(ニー)（あなた）や这(ヂヲ)（これ）のようにあまり目にしないものもあります。

　また、日本の漢字とは少し形が違うものも混ざっています。

鉄 → 铁 tiě (ティエ)　　長 → 长 cháng (チャン)

貴 → 贵 guì (クゥイ)　　車 → 车 chē (チヲ)

これらは、昔の中国では、日本と同じように表記されていたのですが、漢字を覚えやすくするために字体の一部が簡略化されたのです。このような簡略された中国の漢字を「簡体字」といいます。

　なお、香港や台湾では簡略化されていない昔ながらの漢字が用いられています。それを「繁体字(はんたいじ)」といいます。

簡体字	繁体字	簡体字	繁体字
买(マァイ)	買	电(ティエン)	電
开(カァイ)	開	门(メェン)	門

日本語と文字が同じでも意味が違うことがある

　中国語の中には、**帽子**、**白菜**、**牛肉**……のように、日本語と文字も意味も同じ言葉が少なくありません。また、**生日**(シヲンリー)（誕生日）のように、日本語とは文字は違いますが漢字から意味を何となく察することができるような言葉もあります。

　しかし、その一方で、文字は同じでも意味が違うものも数多くあります。このような言葉があることから、中国語の勉強では「漢字からすると意味は○○だな……」と早のみ込みせずに、しっかりと辞書を引くことが大切になります。

日本語にも同じ単語がある言葉	中国語の意味
手纸(シオウヂー) shǒuzhǐ（手紙）	トイレットペーパー、ちり紙
猪(ヂゥ) zhū	豚
妻子(チーズ) qīzi	妻
汽车(チーチヲ) qìchē（汽車）	自動車
新闻(シンゥエン) xīnwén（新聞）	ニュース
勉强(ミェンチァン) miǎnqiǎng（勉強）	無理強いする
汤(タァン) tāng（湯）	スープ
大家(ターチァ) dàjiā	みんな
约束(ユエシゥ) yuēshù（約束）	束縛する

2 中国語の発音

ピンインと四声(しせい)

CD-01

　日本語では、「馬」を訓読みで「うま」、音読みで「バ」と発音するように、1つの漢字でも複数の読み方があることが珍しくありません。

　しかし、中国語では、多くの漢字が1つの読み方しかありません。例えば、**马**「馬」は「マー」としか発音しません。

　漢字をどのように発音するのかを表すために、中国語では「abcd……」のラテン文字（アルファベット）を使っています。これをピンインといいます。上の**马**の発音をピンインでは、mǎと表記します。

　この例からもわかるように、ピンインには「ˇ」や「ˊ」などの記号が通常ついています。これは、「声調」を表している記号で、「声調符号（声調記号）」といいます。

　「声調」とは中国語特有のアクセントで、第1声、第2声、第3声、第4声の4つがあり、総称して「四声」といわれています。それぞれの音の出し方は、以下のようになります。

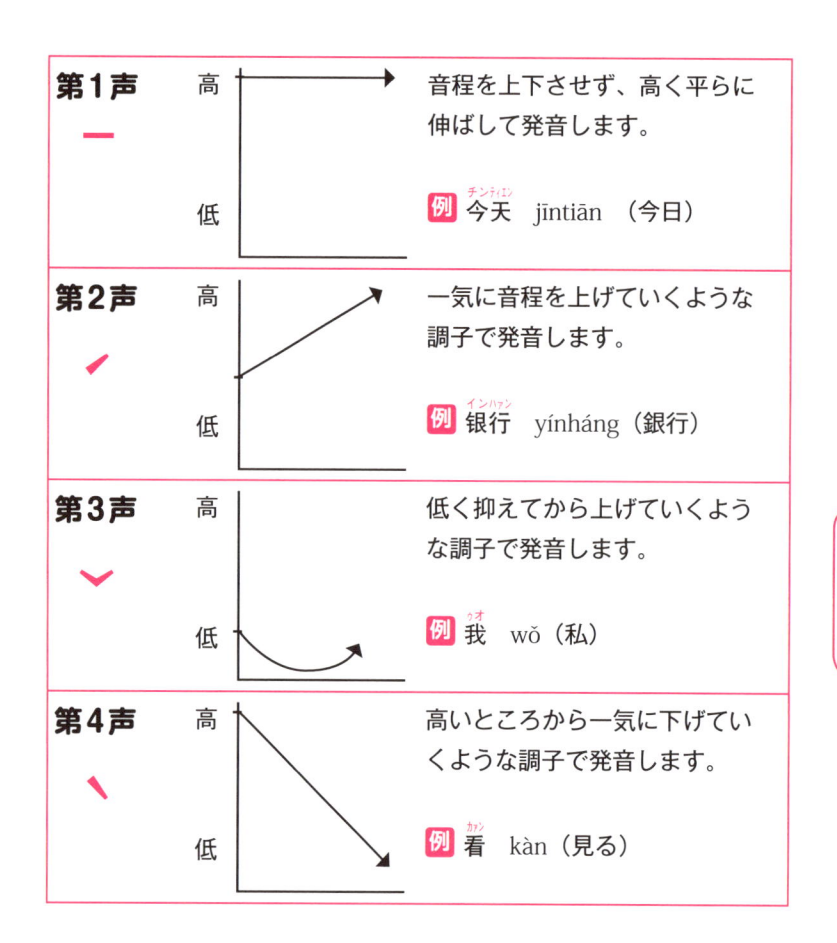

第1声 ˉ	高 ─────→ 低	音程を上下させず、高く平らに伸ばして発音します。 例 今天 jīntiān （今日）
第2声 ˊ	高 ╱ 低	一気に音程を上げていくような調子で発音します。 例 银行 yínháng （銀行）
第3声 ˇ	高 ╲╱ 低	低く抑えてから上げていくような調子で発音します。 例 我 wǒ（私）
第4声 ˋ	高 ╲ 低	高いところから一気に下げていくような調子で発音します。 例 看 kàn（見る）

次のページでもう少し詳しくみてみましょう。

ピンインのスペルが同じでも、声調の違いによって、意味は全く違ってきます。例えば、第3声のmǎは「馬」という意味ですが、第1声のmāは妈で「お母さん」を、第2声のmáは麻で「麻」を、第4声のmàは骂で「ののしる」を意味します。

　なお、四声とは別に、声調符合がつかない軽く発音されるだけの「軽声」もあります。例えば、疑問文でよく使われる吗ma「〜か」は軽声です。

第1声 mā	第2声 má	第3声 mǎ	第4声 mà
妈 (お母さん)	麻 (麻)	马 (馬)	骂 (ののしる)

音節は母音と子音からできている

　中国語の音節（ひとまとまりの音として意識される音声の最小単位）は、7つの母音と21の子音の組み合わせからできています。

　例えば、「中国語」という意味の**汉语**（ハァンユイ）についてみてみましょう。

汉 语
Hàn yǔ
（中国語）

> 色の文字が母音で、黒い文字が子音です。

　一つ一つの音については次のページから学んでいきましょう。

　中国語には、日本語には存在しない母音と子音があるので、カタカナ表記に引きずられないように、中国語本来の音を発することを心がけましょう。

第1章　中国語の書き方・読み方・発音ルール

13

3 母音と複母音、nまたはngをもつ母音

❶ 母音（単母音とer）

発音の基本となる母音は、a、o、e、i、u、üの6つの単母音と、そり舌母音と呼ばれるerです。順にそれらの発音のしかたを見ていきましょう。なお、母音の中には、単独で音節を構成するときに、表記が変わるものがあります。以下、表記が変わる場合には、（ ）内に示しました。

a		日本語の「あ」よりも口を大きくあけ、「アー」と発音します。 j、q、x、r以外の子音と結びつきます。 例 八 bā　大 dà　法 fǎ
o		日本語の「お」よりも唇を丸く突き出して「オー」と発音します。 b、p、m、f、lと結びつきます。 例 波 bō　破 pò　墨 mò
e		oの発音をするときの状態から唇を横に開いて、のどの奥から「ウ」と「オ」が混ざったような音を出します。 b、p、f、j、q、x以外の子音と結びつきます。 例 的 de　歌 gē　了 le
i (yi)		日本語の「い」よりも唇を強く横に弾いて「イー」と発音します。このとき、上下の歯は外から見えています。 f、g、k、h以外の子音と結びつきます。 例 鼻 bí　皮 pí　迷 mí

日本語よりも口をはっきりと動かします。

14

u (wu)		日本語の「う」よりも唇を丸く突き出して「ウ」と発音します。 j、q、x以外の子音と結びつきます。 例 毒 dú（トゥ）　谷 gǔ（クー）　素 sù（スー）
ü(yu)		唇をすぼめ「ユ」の音を出すつもりで「イ」と発音します。なお、üは子音のj、q、xの後に続くときはuと表記されます。これはj、q、xの後にはuの音がこないので、そのように表記しても誤解されないためです。表記はuでも発音はüのままなので気をつけましょう。 n、l、j、q、xと結びつきます。 例 女 nǚ（ニュイ）　旅 lǚ（リュイ）　去 qù（チュイ）
er		eの音を出し、舌先を巻き上げて、「アル」というように発音します。 子音とは結びつきません。 例 而 ér（アル）　耳 ěr（アル）　二 èr（アル）

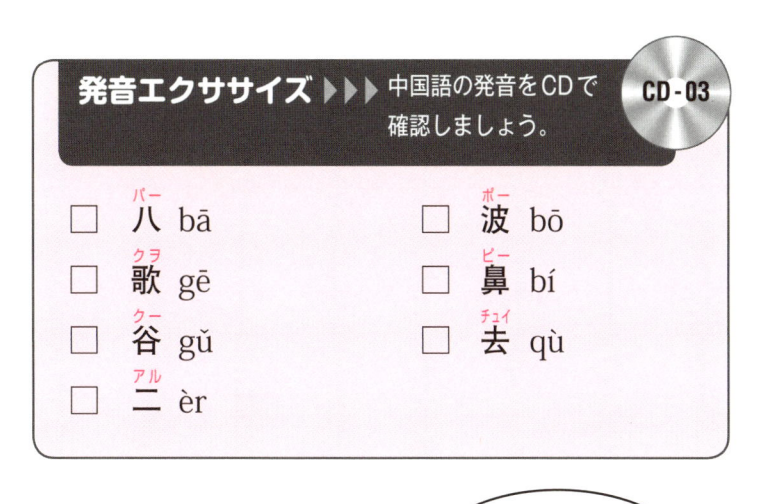

第1章 中国語の書き方・読み方・発音ルール

発音エクササイズ ▶▶▶ 中国語の発音をCDで確認しましょう。　**CD-03**

- ☐ 八 bā（バー）
- ☐ 歌 gē（クヲ）
- ☐ 谷 gǔ（クー）
- ☐ 二 èr（アル）
- ☐ 波 bō（ボー）
- ☐ 鼻 bí（ビー）
- ☐ 去 qù（チュイ）

CDに合わせて、いってみましょう。

自分で声を出して練習するのが大切なんですね。

bā
bō

15

❷ 複母音

　複数の単母音によって構成されるものを複母音といいます。単母音と同様に、発音のしかたを順に見ていきましょう。なお、複母音の中には、前に子音がつかず母音だけで構成されるときに、表記が変わるものがあります。表記が変わる場合には、（　）内に示しました。

①前の母音をはっきりと発音するタイプ

ai	「アイ」と発音しますが、「イ」は軽く添えた感じで発音します。 f、j、q、x、r以外の子音と結びつきます。 例　哀 āi　矮 ǎi　爱 ài
ei	「エイ」と発音しますが、「イ」は軽く添えた感じで発音します。 t、j、q、x、ch、r、c、s以外の子音と結びつきます。 例　北 běi　肺 fèi　美 měi
ao	「アオ」と発音しますが、「オ」は軽く添えた感じで発音します。 f、j、q、x以外の子音と結びつきます。 例　凹 āo　熬 áo　傲 ào
ou	「オウ」と発音しますが、「ウ」は軽く添えた感じで発音します。 b、j、q、x以外の子音と結びつきます。 例　欧 ōu　偶 ǒu　沤 òu

②後の母音をはっきりと発音するタイプ

ia (ya)	「イア」と発音しますが、「イ」は短めに、「ア」ははっきりと発音します。 d、l、j、q、xと結びつきます。 例 鸭 yā（イアー）　牙 yá（イアー）　雅 yǎ（イアー）
ie (ye)	「イエ」と発音します。「エ」のほうをはっきりと発音します。 b、p、m、d、t、n、l、j、q、xと結びつきます。 例 掖 yē（イエ）　也 yě（イエ）　页 yè（イエ）
ua (wa)	「ウア」と発音しますが、「ウ」は短めに、「ア」ははっきりと発音します。 g、k、h、zh、ch、sh、rと結びつきます。 例 挖 wā（ウアー）　瓦 wǎ（ウアー）　袜 wà（ウアー）
uo (wo)	「ウオ」と発音します。「ウ」は口をすぼめた状態で発音した後、一気に「オ」と大きく口を開いて発音しましょう。 b、p、m、f、j、q、x以外の子音と結びつきます。 例 倭 wō（ウオ）　我 wǒ（ウオ）　握 wò（ウオ）
üe (yue)	「ユエ」と発音します。「ユ」を口をすぼめた状態で発音した後、一気に「オ」と大きく口を開いて発音しましょう。 n、l、j、q、xと結びつきます。 例 曰 yuē（ユエ）　约 yuē（ユエ）　月 yuè（ユエ）

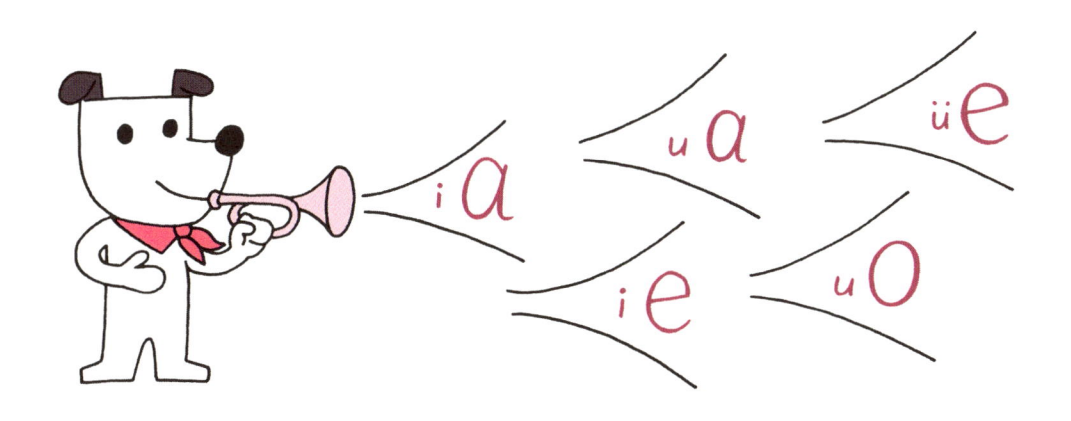

第1章　中国語の書き方・読み方・発音ルール

③ 母音が3つあるタイプ

iao (yao)	「イアオ」と発音しますが、「ア」ははっきりと発音します。 b、p、m、d、t、n、l、j、q、xと結びつきます。 例 腰 yāo　摇 yáo　咬 yǎo（各イアオ）
iou (you)	「イオウ」と発音しますが、「オ」ははっきりと発音します。なお、前に子音がついている場合には、「オ」の音がほとんど消えたり、あるいは弱々しくしか聞こえなくなります。それを反映して、「子音＋iou」の場合、スペルからoがなくなり「子音＋iu」と表記されます。例えば、「j＋iou」は「jiu」となります。 m、d、n、l、j、q、xと結びつきます。 例 幽 yōu　由 yóu　有 yǒu（各イオウ）
uai (wai)	「ウアイ」と発音しますが、「ア」ははっきりと発音します。 g、k、h、zh、ch、shと結びつきます。 例 歪 wāi　崴 wǎi　外 wài（各ウアイ）
uei (wei)	「ウエイ」と発音します。なお、前に子音がついている場合には、「エ」の音がほとんど消えたり、あるいは弱々しくしか聞こえなくなります。それを反映して、「子音＋uei」の場合、スペルからeがなくなり「子音＋ui」と表記されます。例えば、「h＋uei」は「hui」となります。 b、p、m、f、n、l、j、q、x以外の子音と結びつきます。 例 微 wēi　委 wěi　魏 wèi（各ウエイ）

発音エクササイズ ▶▶▶ 中国語の発音をCDで確認しましょう。　CD-05

- ☐ 爱 ài（アイ）
- ☐ 也 yě（イエ）
- ☐ 有 yǒu（イオウ）
- ☐ 北 běi（ベイ）
- ☐ 我 wǒ（ウオ）
- ☐ 票 piào（ピアオ）
- ☐ 好 hǎo（ハオ）
- ☐ 月 yuè（ユエ）

❸ nまたはngをもつ母音

母音の中には語尾にnまたはngがつくものがあります。順に発音のしかたを見ていきましょう。なお、このタイプの母音についても、単独で音節を構成するときに、表記が変わるものがあります。表記が変わる場合には、（　）内に示しました。

an	aの音を出し、舌先を上の歯茎の裏につけて「アン」と発音します。 j、q、x以外の子音と結びつきます。 例 安 ān（アン）　俺 ǎn（アン）　暗 àn（アン）
ang	aの音を出し、舌先をどこにもつけず、鼻から息を抜くような感じで「アン」と発音します。 j、q、x以外の子音と結びつきます。 例 方 fāng（ファン）　刚 gāng（ガァン）　忙 máng（マァン）
ian (yan)	「イエン」というような音を出します。「ン」を発音するときには、舌先を上の歯茎の裏につけます。 b、p、m、d、t、n、l、j、q、xと結びつきます。 例 延 yán（イエン）　演 yǎn（イエン）　宴 yàn（イエン）
iang (yang)	鼻から息を抜くような感じで「イアン」と発音します。 n、l、j、q、xと結びつきます。 例 央 yāng（イアン）　羊 yáng（イアン）　仰 yǎng（イアン）
uan (wan)	「ウアン」というような音を出します。「ン」を発音するときには、舌先を上の歯茎の裏につけます。 b、p、m、f、j、q、x以外の子音と結びつきます。 例 玩 wán（ウアン）　晚 wǎn（ウアン）　万 wàn（ウアン）
uang (wang)	鼻から息を抜くような感じで「ウアン」と発音します。 g、k、h、zh、ch、shと結びつきます。 例 王 wáng（ウアン）　往 wǎng（ウアン）　忘 wàng（ウアン）

en	「エン」というような音を出します。「ン」を発音するときには、舌先を上の歯茎の裏につけます。 t、l、j、q、x以外の子音と結びつきます。 例 门 mén(メェン)　肯 kěn(ケェン)　人 rén(レェン)
eng	唇を横に弾いた状態で、鼻から息を抜くような感じで「オン」というような音を出します。 j、q、x以外の子音と結びつきます。 例 梦 mèng(モヲン)　坑 kēng(コヲン)　藤 téng(トヲン)
in (yin)	「イン」というような音を出します。「ン」を発音するときには、舌先を上の歯茎の裏につけます。 b、p、m、n、l、j、q、xと結びつきます。 例 音 yīn(イン)　银 yín(イン)　引 yǐn(イン)
ing (ying)	鼻から息を抜くような感じで「イン」と発音します。 b、p、m、d、t、n、l、j、q、xと結びつきます。 例 英 yīng(イン)　迎 yíng(イン)　影 yǐng(イン)
uen (wen)	「ウエン」というような音を出します。「ン」を発音するときには、舌先を上の歯茎の裏につけます。 なお、前に子音がついている場合には、「エ」の音がほとんど消えたり、あるいは弱々しくしか聞こえなくなります。それを反映して、「子音＋uen」の場合、スペルからeがなくなり「子音＋un」と表記されます。例えば、「d＋uen」は「dun」となります。 b、p、m、f、j、q、x以外の子音と結びつきます。 例 温 wēn(ウエン)　文 wén(ウエン)　问 wèn(ウエン)
ueng (weng)	鼻から息を抜くような感じで「ウオン」というような音を出します。 子音とは結びつきません。 例 翁 wēng(ウオン)　蓊 wěng(ウオン)　瓮 wèng(ウオン)

üan (yuan)	「ユエン」というような音を出します。「ン」を発音するときには、舌先を上の歯茎の裏につけます。 j、q、xと結びつきます。 例 元 yuán　远 yuǎn　院 yuàn
ün (yun)	üの音を出し、舌先を上の歯茎の裏につけて「ュイン」と発音します。 j、q、xと結びつきます。 例 云 yún　陨 yǔn　运 yùn
ong	鼻から息を抜くような感じで「オン」と発音します。 b、p、m、f、j、q、x、sh以外の子音と結びつきます。 例 从 cóng　宗 zōng　空 kōng
iong (yong)	鼻から息を抜くような感じで「イオン」と発音します。 j、q、xと結びつきます。 例 雍 yōng　永 yǒng　用 yòng

第1章 中国語の書き方・読み方・発音ルール

発音エクササイズ ▶▶▶ 中国語の発音をCDで確認しましょう。　CD-07

- □ 安 ān（アン）
- □ 延 yán（イエン）
- □ 晚 wǎn（ゥアン）
- □ 音 yīn（イン）
- □ 温 wēn（ゥエン）
- □ 元 yuán（ユエン）
- □ 从 cóng（ツォン）
- □ 方 fāng（ファン）
- □ 江 jiāng（チァン）
- □ 王 wáng（ゥアン）
- □ 英 yīng（イン）
- □ 翁 wēng（ヲン）
- □ 云 yún（ユイン）
- □ 永 yǒng（イオン）

鼻から息を抜くような感じについては、CDをよく聞いてください。

21

4 子音

❶ 有気音と無気音がある

子音は21音あります。子音の発音については、有気音と無気音の違いを押さえることが大切です。

有気音は口の中にある空気を勢いよく外に出すように強く発音するのに対して、無気音は発音時に息をそっと出します。

無気音　有気音

b	p	m	f
d	t	n	l
g	k	h	
j	q	x	
zh	ch	sh	r
z	c	s	

CD-08

❷ 子音は6つにグループ分けできる

子音は、発音するときに使う口の部分によって、以下のように6つにグループ分けされます。なお、子音の発音練習をするときには、通常、（ ）内の母音をつけて発音します。

①唇を使う音

b (o)	上下の唇を合わせてから、無気音で発音します。 a、o、ai、ei、ao、an、en、ang、eng、i、ie、iao、ian、in、ing、uと結びつきます。 例 八 bā　不 bù　比 bǐ
p (o)	上下の唇を合わせてから、有気音で発音します。 a、o、ai、ei、ao、ou、an、en、ang、eng、i、ie、iao、ian、in、ing、uと結びつきます。 例 怕 pà　浦 pǔ　皮 pí
m (o)	上下の唇を合わせてから、息を鼻から出して発音します。 a、o、e、ai、ei、ao、ou、an、en、ang、eng、i、ie、iao、iu、ian、in、ing、uと結びつきます。 例 米 mǐ　猫 māo　忙 máng

f (o)	上の前歯で下唇を軽く押さえ、英語の「f」に近い音を出すつもりで発音します。 a、o、ei、ou、an、en、ang、eng、uと結びつきます。 例 法 fǎ　分 fēn　非 fēi

②舌先を使う音

d (de)	舌先を上の歯茎の裏につけて、無気音で発音します。 a、e、ai、ei、ao、ou、an、en、ang、eng、ong、i、ia、ie、iao、iu、ian、ing、u、uo、ui、uan、unと結びつきます。 例 大 dà　但 dàn　党 dǎng
t (te)	舌先を上の歯茎の裏につけて、有気音で発音します。 a、e、ai、ao、ou、an、ang、eng、ong、i、ie、iao、ian、ing、u、uo、ui、uan、unと結びつきます。 例 他 tā　探 tàn　堂 táng
n (ne)	舌先を上の歯茎の裏につけて、鼻から息を出して発音します。 a、e、ai、ei、ao、ou、an、en、ang、eng、ong、i、ie、iao、iu、ian、in、iang、ing、u、uo、uan、un、ü、üeと結びつきます。 例 那 nà　男 nán　能 néng
l (le)	舌先を上の歯茎の裏につけて、息を舌の両側から出すように発音します。 a、o、e、ai、ei、ao、ou、an、ang、eng、ong、i、ia、ie、iao、iu、ian、in、iang、ing、u、uo、uan、un、ü、üeと結びつきます。 例 拉 lā　里 lǐ　浪 làng

③のど元を使う音

g (ge)	舌の根元を持ち上げて軟口蓋に近づけ、無気音で発音します。 a、e、ai、ei、ao、ou、an、en、ang、eng、ong、u、ua、uo、uai、ui、uan、un、uangと結びつきます。 例 歌 gē　感 gǎn　狗 gǒu

k (ke)	舌の根元を持ち上げて軟口蓋に近づけ、有気音で発音します。 a、e、ai、ei、ao、ou、an、en、ang、eng、ong、u、ua、uo、uai、ui、uan、un、uangと結びつきます。 例 可 kě（クヲ）　看 kàn（カァン）　口 kǒu（コォウ）
h (he)	舌の根元を持ち上げて軟口蓋に近づけ、「ハーッ」と発音します。 a、e、ai、ei、ao、ou、an、en、ang、eng、ong、u、ua、uo、uai、ui、uan、un、uangと結びつきます。 例 和 hé（フヲ）　含 hán（ハァン）　湖 hú（フー）

④舌面と硬口蓋を使う音

j (ji)	舌面を硬口蓋につけてから、無気音で発音します。 i、ia、ie、iao、iu、ian、in、iang、ing、iong、ü、üe、üan、ünと結びつきます。　　　　　　※üの表記はuになります。 例 几 jǐ（チー）　句 jù（チュイ）　就 jiù（ティオウ）
q (qi)	舌面を硬口蓋につけてから、有気音で発音します。 i、ia、ie、iao、iu、ian、in、iang、ing、iong、ü、üe、üan、ünと結びつきます。　　　　　　※üの表記はuになります。 例 七 qī（チー）　取 qǔ（チュイ）　求 qiú（ティオウ）
x (xi)	舌面を硬口蓋に近づけて、そのすき間を使い「シー」と発音します。 i、ia、ie、iao、iu、ian、in、iang、ing、iong、ü、üe、üan、ünと結びつきます。　　　　　　※üの表記はuになります。 例 西 xī（シー）　下 xià（シィア）　胸 xiōng（ション）

⑤そり舌音　※iの音は、zh、ch、sh、rの後ではあいまいな「イ」となるように発音します。

zh (zhi)	舌先を上の歯茎の奥にもっていき、軽くあてた状態で無気音で発音します。 a、e、i、ai、ei、ao、ou、an、en、ang、eng、ong、u、ua、uo、uai、ui、uan、un、uangと結びつきます。 例 只 zhī（チー）　中 zhōng（チョン）　主 zhǔ（チゥ）

ch (chi)	舌先を上の歯茎の奥にもっていき、軽くあてた状態で有気音で発音します。 a、e、i、ai、ao、ou、an、en、ang、eng、ong、u、ua、uo、uai、ui、uan、un、uangと結びつきます。 例 持 chí　虫 chóng　出 chū
sh (shi)	舌先を上の歯茎の奥にもっていき、「シー」と発音します。 a、e、i、ai、ei、ao、ou、an、en、ang、eng、u、ua、uo、uai、ui、uan、un、uangと結びつきます。 例 十 shí　水 shuǐ　手 shǒu
r (ri)	舌先を上の歯茎の奥にもっていき、声帯を振動させて発音します。 e、i、ao、ou、an、en、ang、eng、ong、u、ua、uo、ui、uan、unと結びつきます。 例 日 rì　入 rù　然 rán

⑥ **舌先と歯の裏側を使う音**　※ iの音は、z、c、sの後ではあいまいな「ウ」となるように発音します。

z (zi)	舌先を歯の裏側に軽くあてて、無気音で発音します。 a、e、i、ai、ei、ao、ou、an、en、ang、eng、ong、u、uo、ui、uan、unと結びつきます。 例 字 zì　族 zú　宗 zōng
c (ci)	舌先を歯の裏側に軽くあてて、有気音で発音します。 a、e、i、ai、ao、ou、an、en、ang、eng、ong、u、uo、ui、uan、unと結びつきます。 例 次 cì　擦 cā　层 céng
s (si)	舌先を歯の裏側にあてて、「ス」と発音します。 a、e、i、ai、ao、ou、an、en、ang、eng、ong、u、uo、ui、uan、unと結びつきます。 例 思 sī　孙 sūn　送 sòng

25

5 声調変化とr化（アル）

発音については、声調が変化する場合と、r化と呼ばれる発音現象についても覚えておきましょう。

声調変化

四声が後ろにくる語によって、発音が変化することを声調変化といいます。声調は、以下のように4つの場合には変化します。

❶ 3声＋3声 → 2声＋3声

第3声と第3声が連続した場合には、前の第3声は第2声になります（ただし、ピンインの表記は第3声のまま変えないことになっています）。

例えば**你好！** Nǐ hǎo の**你** nǐ は第3声、**好** hǎo は第3声です。

このように、第3声と第3声が連続した場合には、前の第3声は第2声になります（ピンインの表記は変わりません）。第3声は低く抑えてから上げます。一方、第2声は、発した音から一気に上げていきます。

| 你 nǐ | ＋ | 好 hǎo | ⟶ | 你 nǐ | ＋ | 好 hǎo | （こんにちは） |

※表記上は第3声のままにしています。

❷ 半3声

第3声の後に第1声、第2声、第4声がくると第3声の音程は「半3声」と呼ばれる音程で発音します。本来、第3声は低く抑えてから上げるのに対して、半3声では低く抑えたままになります。

例えば、中国の首都**北京** Běijīng の**北** běi は、表記上は第3声です。しかし、次の**京** jīng は第1声なので、この場合 běi は、半3声で発音します。

| 北 Běi | ＋ | 京 jīng | ⟶ | 北 Běi | ＋ | 京 jīng | （北京） |

❸「不」の変化

動詞などの前に置き否定を表す不(ブー)(→6日め、p.50参照)は、もとの声調は第4声です。しかし、後ろに第4声がくると、第2声に変化します。この場合は、ピンインの表記も変わります。

| 不 bù | + | 谢 xiè | → | 不 bú | + | 谢 xiè | （どういたしまして）|

❹「一」の声調は変化する

数字の1を意味する「一 yī」は、単独では第1声で読みます。しかし、後ろに第1声、第2声、第3声がきたときには、第4声で発音します。

また、第4声がきたときには、第2声で発音します。

| 一 yī | + | 张 zhāng | → | 一 yì | + | 张 zhāng | （1枚）|

| 一 yī | + | 定 dìng | → | 一 yí | + | 定 dìng | （きっと）|

なお「第一 dìyī ~」のように順番を数える場合や、「一郎 Yīláng」のように名前に使われる場合などは、第1声のまま発音します。

10 r化

単語の語尾に儿をつけて、舌をそり上げて発音することがあります。これをr(アル)化といいます。この場合、語尾にある音が抜け落ちるなどの変化が生じることがあります。r化には一定のルールがあります。このルールは複雑なので本書では取り上げませんが、勉強が進んだらぜひ覚えてください。

有点儿（少し、ちょっと）
yǒudiǎnr
※nの音は発音しない。

味儿（におい）
wèir
※iの音は発音しない。

27

6 数字と時間、色・柄、味

中国語の数字や時間、月、曜日のいい方を覚えましょう。日常会話などで頻繁に使うはずです。

① 数字

CD-11

0	零 líng	1	一 yī	2	二、两 èr、liǎng
3	三 sān	4	四 sì	5	五 wǔ
6	六 liù	7	七 qī	8	八 bā
9	九 jiǔ	10	十 shí	11	十一 shí yī
12	十二 shí èr	13	十三 shí sān	14	十四 shí sì
15	十五 shí wǔ	16	十六 shí liù	17	十七 shí qī
18	十八 shí bā	19	十九 shí jiǔ	20	二十 èr shí
30	三十 sān shí	40	四十 sì shí	50	五十 wǔ shí
99	九十九 jiǔ shí jiǔ	100	一百 yì bǎi	101	一百零一 yì bǎi líng yī
1000	一千 yì qiān	10000	一万 yí wàn	100000	十万 shí wàn

※1番め、2番めと順序を数える場合には「二」を、1個、2個と数を数える場合には「两」を使います。
※3桁以上の数字で、101、1001、1001のように間に0がいくつ入っても0は1回だけ読みます。

❷ 時間

① 時

1時	一点	yī diǎn	2時	两点	liǎng diǎn	3時	三点	sān diǎn
4時	四点	sì diǎn	5時	五点	wǔ diǎn	6時	六点	liù diǎn
7時	七点	qī diǎn	8時	八点	bā diǎn	9時	九点	jiǔ diǎn
10時	十点	shí diǎn	11時	十一点	shí yī diǎn	12時	十二点	shí èr diǎn

② 分

5分	五分	wǔ fēn	10分	十分	shí fēn	15分	一刻	yí kè
30分	半	bàn	45分	三刻	sān kè	5時5分前	差五分五点	chà wǔ fēn wǔ diǎn

③ 秒

15秒	十五秒	shí wǔ miǎo	30秒	三十秒	sān shí miǎo	45秒	四十五秒	sì shí wǔ miǎo

④ 1日の区分

午前	上午	shàngwǔ	午後	下午	xiàwǔ			
朝	早上	zǎoshang	昼	中午	zhōngwǔ	夜	晚上	wǎnshang

⑤ 月

1月	一月 yī yuè	2月	二月 èr yuè	3月	三月 sān yuè
4月	四月 sì yuè	5月	五月 wǔ yuè	6月	六月 liù yuè
7月	七月 qī yuè	8月	八月 bā yuè	9月	九月 jiǔ yuè
10月	十月 shí yuè	11月	十一月 shí yī yuè	12月	十二月 shí èr yuè

⑥ 曜日

日曜日	星期日（天） xīngqī rì (tiān)	月曜日	星期一 xīngqīyī
火曜日	星期二 xīngqīèr	水曜日	星期三 xīngqīsān
木曜日	星期四 xīngqīsì	金曜日	星期五 xīngqīwǔ
土曜日	星期六 xīngqīliù	祝日	假日 jiàrì
1週間	一个星期 yí ge xīngqī		

⑦ その他

1日	一天 yìtiān	1か月	一个月 yí ge yuè	1年	一年 yì nián
去年	去年 qùnián	今年	今年 jīnnián	来年	明年 míngnián
昨日	昨天 zuótiān	今日	今天 jīntiān	明日	明天 míngtiān
先月	上个月 shàng ge yuè	今月	这个月 zhè ge yuè	来月	下个月 xià ge yuè

●時間を表す表現

今天 七月 九号。　jīntiān qī yuè jiǔ hào　今日は7月9日です。
明天 星期二。　Míngtiān xīngqīèr　明日は火曜日です。
现在 六点 五十五分。　Xiànzài liùdiǎn wǔshíwǔ fēn　今、6時55分です。

❸ 色・柄

黒	黑色	hēisè	白	白色	báisè	赤	红色	hóngsè
ピンク	粉红	fěnhóng	オレンジ	橙黄色	chénghuángsè	緑	绿色	lǜsè
黄	黄色	huángsè	青	蓝色	lánsè	茶	茶色	chásè
紫	紫色	zǐsè	金色	金黄色	jīnhuángsè	銀色	银色	yínsè
水玉	水珠	shuǐzhū	チェック	方格	fānggé	ストライプ	条纹	tiáowén

❹ 味

塩辛い	咸	xián	甘い	甜	tián	辛い	辣	là
酸っぱい	酸	suān	苦い	苦	kǔ	油っこい	油腻	yóunì

> 酸辣汤というスープは、酸っぱくて辛いスープなんですね。

第1章　中国語の書き方・読み方・発音ルール

7 中国語会話の基本表現

文法を勉強する前に、まずは中国語の基本的なあいさつの言葉を覚えましょう。

あいさつのフレーズ

CD-14

こんにちは！	ニー ハァオ Nǐ hǎo **你 好！**
こんにちは！	ニン ハァオ Nín hǎo **您 好！** （年上や目上の人に対して）
おはよう！	ザァオシァン ハァオ Zǎoshàng hǎo **早上 好！**
こんばんは！	ゥアンシァン ハァオ Wǎnshàng hǎo **晚上 好！**

「**你好！**」は、朝、昼、晩いつでも使えます。年上や目上の人に対しては、「**您好！**」といいます。これらのあいさつは、初めて会った人に対しても使えます。なお、複数の人に対しては「**你们好！**」Nǐmen hǎo といいます。

また、「おはよう！」のいい方には、**你早！** Nǐ zǎo という表現もあります。

你好！　你好！

📖 お礼をいうときのフレーズ

ありがとう！	シィエ シィエ Xiè xie 谢谢！
どういたしまして！	ブー シィエ Bú xiè 不谢！

▶ お礼をいうときには、**谢谢**（シィエシィエ）！といいます。お礼をいわれた場合には、**不谢**（ブーシィエ）！（どういたしまして！）と返しましょう。また、**不用谢**（ブーィオンシィエ）！Bú yòng xiè といういい方もよく使います。

📖 謝るときのフレーズ

すみません。	トゥイブチー Duìbuqǐ 对不起。

▶ 謝るときには**对不起**（トゥイブチー）。といいます。もっとも、中国人はめったなことでは謝りません。

📖 別れるときのフレーズ

さようなら！	ザァイ チェン Zài jiàn 再见！
また明日（会いましょう）！	ミィンティエン チェン Míngtiān jiàn 明天见！

▶ **再见**（ザァイチェン）！は中国語の「さようなら」です。直訳すれば、「また会いましょう！」です。**明天见**（ミィンティエンチェン）！もよく使います。

第1章 中国語の書き方・読み方・発音ルール

33

🔁 人を紹介するときのフレーズ

CD-15

ご紹介します。
（他人を紹介する場合）

ウオ ラァイ チィエシァオ イーシィア
Wǒ lái jièshào yíxià
我 来 介绍 一下。

自己紹介させて
いただきます。

ズーゥオ チィエシァオ イーシィア
Zìwǒ jièshào yíxià
自我 介绍 一下。

🔁 相手の名前を尋ねるフレーズ

お名前は？
（名字を尋ねる場合）

ニン クゥイシィン
Nín guìxìng
您 贵姓?

お名前は？
（フルネームを尋ねる場合）

ニン チァオ シェンマヲ ミィンズ
Nín jiào shénme míngzi
您 叫 什么 名字?

▶自分の名前の表し方については、第2章の1日めで解説します。

🔁 調子を尋ねるときのフレーズ

お元気ですか？

ニー ハァオ マ
Nǐ hǎo ma
你 好 吗?

▶前述（→p.32）の**你好**に**吗**をつけるだけです。**吗**については、第2章の3日めで解説します。

よく使うフレーズです。どこかで耳にしたこともあるでしょうね。

🔁 トラブルにあったときのフレーズ

助けてください！	チィオウ ミィン ア Jiù mìng a 救命啊！
どろぼう！	シァオトォウ Xiǎotōu 小偷！
警察に電話してください！	チィン ケェイ チィンチァ ター ティエンフゥア Qǐng gěi jǐngchá dǎ diànhuà 请给警察打电话！

▶ **请**は依頼するときに使います。詳しくは第2章の20日めで解説します。

🔁 「どうしました？」と尋ねるときのフレーズ

どうしました？	ニー ゼェンマヲ ラ Nǐ zěnme le 你怎么了？

▶ ここで使われている**怎么**は、様々な意味合いで使われます（第2章の16日めと24日め参照）。

「忙しいですか」と尋ねるときのフレーズ　CD-16

お忙しいですか？	マァン　マ Máng ma 忙 吗?
（とても）忙しいです。	ヘェン　マァン Hěn máng 很 忙。
まあまあです。	ハァイ　クヲイー Hái kěyǐ 还 可以。
忙しくありません。	ブー　マァン Bù máng 不 忙。

很についてはp.50で学びます。

▶吗については、第2章の3日めで解説します。

相手を気づかうフレーズ

気をつけて！	シァオシン Xiǎoxīn 小心！
頑張って！	チィアィオウ Jiāyóu 加油！
お疲れさま！	シンクー　ラ Xīnkǔ le 辛苦 了！

仕事が終わったとき、使ってみましょう。

中国語音節表

※読み仮名は参考です。音声を聞いて、正しい発音を身につけましょう。

子音\母音	a	o	e	-i	er	ai	ei	ao	ou	an	en	ang	eng	ong	i	ia	ie	iao
—	a ア	o オ	e ヲ		er アル	ai アイ	ei エイ	ao アオ	ou オウ	an アン	en エン	ang アン	eng ヲン		yi イ	ya ィア	ye ィエ	yao ィアオ
b	ba バ	bo ボ				bai バァイ	bei ベイ	bao バオ		ban バァン	ben ベン	bang バァン	beng ボヲン		bi ビ		bie ビィエ	biao ビァオ
p	pa パ	po ポ				pai パァイ	pei ペイ	pao パオ	pou ポゥ	pan パァン	pen ペン	pang パァン	peng ポヲン		pi ピ		pie ピィエ	piao ピァオ
m	ma マ	mo モ	me マヲ			mai マァイ	mei メイ	mao マオ	mou モゥ	man マァン	men メン	mang マァン	meng モヲン		mi ミ		mie ミィエ	miao ミァオ
f	fa ファ	fo フォ					fei フェイ		fou フォウ	fan ファン	fen フェン	fang ファン	feng フヲン					
d	da ダ		de トヲ			dai ダァイ	dei テイ	dao ダオ	dou トウ	dan ダァン	den テン	dang ダァン	deng トヲン	dong トォン	di ティ	dia ティア	die ティエ	diao ティアオ
t	ta タ		te トヲ			tai タァイ		tao タオ	tou トウ	tan タァン		tang タァン	teng トヲン	tong トォン	ti ティ		tie ティエ	tiao ティアオ
n	na ナ		ne ノヲ			nai ナァイ	nei ネイ	nao ナァオ	nou ノゥ	nan ナァン	nen ネェン	nang ナァン	neng ノヲン	nong ヌォン	ni ニ		nie ニィエ	niao ニィアオ
l	la ラ	lo ロ	le ラ			lai ラァイ	lei レイ	lao ラオ	lou ロゥ	lan ラァン		lang ラァン	leng ラヲン	long ロォン	li リ	lia リィア	lie リィエ	liao リィアオ
g	ga カ		ge クヲ			gai カァイ	gei ケイ	gao カオ	gou コウ	gan カァン	gen ケン	gang カァン	geng ケヲン	gong コォン				
k	ka カ		ke クヲ			kai カァイ	kei ケイ	kao カオ	kou コウ	kan カァン	ken ケン	kang カァン	keng コヲン	kong コォン				
h	ha ハ		he フヲ			hai ハァイ	hei ヘイ	hao ハオ	hou ホウ	han ハァン	hen ヘン	hang ハァン	heng ホヲン	hong ホォン				
j															ji チ	jia チィア	jie チィエ	jiao チァオ
q															qi チ	qia チィア	qie チィエ	qiao チァオ
x															xi シ	xia シィア	xie シィエ	xiao シァオ
zh	zha ヂァ		zhe ヂヲ	zhi ヂ		zhai ヂァイ	zhei ヂェイ	zhao ヂァオ	zhou ヂォウ	zhan ヂァン	zhen ヂェン	zhang ヂァン	zheng ヂヲン	zhong ヂォン				
ch	cha チャ		che チヲ	chi チ		chai チャイ		chao チァオ	chou チォウ	chan チァン	chen チェン	chang チァン	cheng チヲン	chong チォン				
sh	sha シァ		she シヲ	shi シ		shai シァイ	shei シェイ	shao シァオ	shou シォウ	shan シァン	shen シェン	shang シァン	sheng シヲン					
r			re ロヲ	ri リ				rao ラァオ	rou ロゥ	ran ラァン	ren レン	rang ラァン	reng ロヲン	rong ロォン				
z	za ザ		ze ズヲ	zi ズ		zai ザァイ	zei ゼイ	zao ザオ	zou ゾウ	zan ザァン	zen ゼン	zang ザァン	zeng ゾヲン	zong ゾォン				
c	ca ツァ		ce ツヲ	ci ツ		cai ツァイ		cao ツァオ	cou ツォウ	can ツァン	cen ツェン	cang ツァン	ceng ツヲン	cong ツォン				
s	sa サ		se ソヲ	si ス		sai サァイ		sao サァオ	sou ソウ	san サァン	sen セェン	sang サァン	seng ソヲン	song ソォン				

第1章 中国語の書き方・読み方・発音ルール

37

母音／子音	iou	ian	in	iang	ing	iong	u	ua	uo	uai	uei	uan	uen	uang	ueng	ü	üe	üan	ün
—	you ィオウ	yan ィエン	yin イン	yang ィアン	ying イン	yong ィオン	wu ゥ	wa ゥア	wo ゥオ	wai ゥアイ	wei ゥエイ	wan ゥアン	wen ゥエン	wang ゥアン	weng ゥオン	yu ュイ	yue ュエ	yuan ュエン	yun ュイン
b		bian ビェン	bin ビン		bing ビィン		bu ブ												
p		pian ピェン	pin ピン		ping ピィン		pu プ												
m	miu ミィオウ	mian ミェン	min ミン		ming ミィン		mu ム												
f							fu フ												
d	diu ティオウ	dian ティエン			ding ティン		du トゥ		duo トゥオ		dui トゥイ	duan トゥアン	dun トゥン						
t		tian ティエン			ting ティン		tu トゥ		tuo トゥオ		tui トゥイ	tuan トゥアン	tun トゥン						
n	niu ニィオウ	nian ニェン	nin ニン	niang ニァン	ning ニィン		nu ヌ		nuo ヌオ			nuan ヌアン	nun ヌン			nü ニュイ	nüe ニュエ		
l	liu リィオウ	lian リェン	lin リン	liang リァン	ling リィン		lu ル		luo ルオ			luan ルアン	lun ルン			lü リュイ	lüe リュエ		
g							gu ク	gua クア	guo クオ	guai クアイ	gui クイ	guan クアン	gun クン	guang クアン					
k							ku ク	kua クア	kuo クオ	kuai クアイ	kui クイ	kuan クアン	kun クン	kuang クアン					
h							hu フ	hua フア	huo フオ	huai フアイ	hui フイ	huan フアン	hun フン	huang フアン					
j	jiu チィオウ	jian チェン	jin チン	jiang チァン	jing チィン	jiong チョン										ju チュイ	jue チュエ	juan チュエン	jun チュイン
q	qiu チィオウ	qian チェン	qin チン	qiang チァン	qing チィン	qiong チョン										qu チュイ	que チュエ	quan チュエン	qun チュイン
x	xiu シィオウ	xian シェン	xin シン	xiang シァン	xing シィン	xiong ション										xu シュイ	xue シュエ	xuan シュエン	xun シュイン
zh							zhu ヂゥ	zhua ヂゥア	zhuo ヂゥオ	zhuai ヂゥアイ	zhui ヂゥイ	zhuan ヂゥアン	zhun ヂゥン	zhuang ヂゥアン					
ch							chu チュ	chua チゥア	chuo チュオ	chuai チュアイ	chui チュイ	chuan チュアン	chun チュン	chuang チュアン					
sh							shu シゥ	shua シゥア	shuo シゥオ	shuai シゥアイ	shui シゥイ	shuan シゥアン	shun シゥン	shuang シゥアン					
r							ru ル	rua ルゥア	ruo ルオ		rui ルゥイ	ruan ルゥアン	run ルゥン						
z							zu ズ		zuo ズゥオ		zui ズゥイ	zuan ズアン	zun ズゥン						
c							cu ツ		cuo ツゥオ		cui ツゥイ	cuan ツゥアン	cun ツゥン						
s							su ス		suo スゥオ		sui スゥイ	suan スゥアン	sun スゥン						

第2章

基本の文法と会話

会話例を使って、1日に1つの文法を学習していきます。1日10分、30日かけて必要最小限の文法をマスターしていきましょう。
「言いかえフレーズ」や「単語」をしっかり覚えるとともに、「プラスアルファー」や「豆知識」で応用力もつくはずです。

1日め

チァオ
jiào
叫

名前の表し方
〜といいます

CD-17

ここではあいさつと、自分の名前を伝えるときに使える「〜といいます」という表現について学びます。

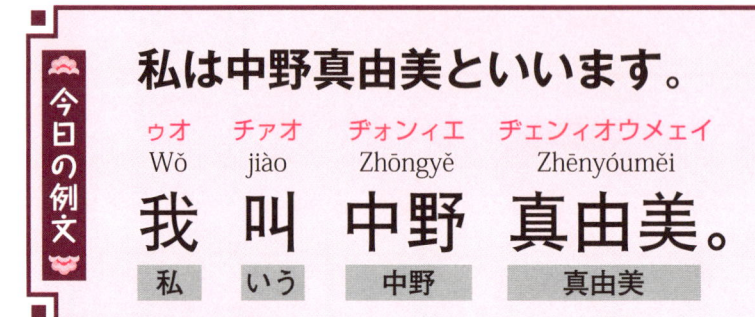

今日の例文

私は中野真由美といいます。

ウオ	チァオ	ヂォンィエ	ヂェンィオウメェイ
Wǒ	jiào	Zhōngyě	Zhēnyóuměi
我	叫	中野	真由美。
私	いう	中野	真由美

❗ 文法のポイント

チァオ
jiào
叫 (〜という) ＋ **氏名**

中国語で自分の名前を伝えるときには、「私」に当たる我（ウオ）の次に、「〜という」を意味する叫（チァオ）を置き、その後に自分の氏名をいいます。ちなみに、姓だけをいう場合には、我姓〜 Wǒ xìng といういい方をします。

例 我姓中野。 Wǒ xìng Zhōngyě（私の姓は中野といいます。）

自分の名前ではなく、ほかの人の名前を教えるときにも叫、姓を使うことができます。その場合は、主語として他 tā「彼」や她 tā「彼女」を使います。

例 她叫中野真由美。 Tā jiào Zhōngyě Zhēnyóuměi（彼女は中野真由美といいます。）
他姓中野。 Tā xìng Zhōngyě（彼の姓は中野です。）

使ってみよう！ 言いかえフレーズ

ウオ	チァオ	ズゥオトヮン	ィアンイー
Wǒ	jiào	Zuǒténg	Yángyī
我	叫	佐藤	洋一。（私は佐藤洋一といいます。）
私	いう	佐藤	洋一

ウオ	チァオ	リィンムー	リーシァン
Wǒ	jiào	Língmù	Lǐxiāng
我	叫	铃木	理香。（私は鈴木リカといいます。）
私	いう	鈴木	リカ

> 名前がひらがなやカタカナの人は、自分で好きな漢字をあてて、それを中国語読みしてみましょう。

40

シーンで覚える 会話例

真由美と劉平が初めて会いました。
あいさつをして自己紹介をしましょう。

真由美： こんにちは！
ニー ハァオ
Nǐ hǎo
你 好！
あなた よい

劉平： こんにちは！
ニー ハァオ
Nǐ hǎo
你 好！
あなた よい

真由美： 私は中野真由美といいます。
ウオ チァオ ヂォンイエ ヂェンィオウメェイ
Wǒ jiào Zhōngyě Zhēnyóuměi
我 叫 中野 真由美。
私 いう 中野 真由美

劉平： 私は劉平といいます。
ウオ チァオ リィオウ ピィン
Wǒ jiào Liú Píng
我 叫 刘 平。
私 いう 劉 平

※私を意味する我、あなたを意味する你は、置かれる位置によって「私は（が）」「あなたは（が）」「私を」「あなたを」「私に」「あなたに」という意味になります。
文頭にある場合は、通常「私は（が）」、「あなたは（が）」という主語の役割を果たしています。

第2章 基本の文法と会話 1日め

入れ替えて使える！〜日本人の名前〜

田中 陽子
ティエンヂォン イアンズー
Tiánzhōng Yángzǐ
田中 阳子

伊藤 大輔
イーテゥン ターフー
Yīténg Dàfǔ
伊藤 大辅

高橋 愛
カァオチァオ アイ
Gāoqiáo Ài
高桥 爱

山本 達也
シァンペェン ターィエ
Shānběn Dáyě
山本 达也

渡辺 美咲
トゥビェン メェイシァオ
Dùbiān Měixiào
渡边 美咲

中村 健太
ヂォンツゥン チェンタァイ
Zhōngcūn Jiàntài
中村 健太

鈴木 舞
リィンムー ウー
Língmù Wǔ
铃木 舞

佐藤 剛
ズゥオトゥン カァン
Zuǒténg Gāng
佐藤 刚

豆知識：中国人の姓はほとんどが1文字

中国人の姓は通常1文字です。人口の多い姓は上から順に李Lǐ、王Wáng、张Zhāngで、この3つの姓だけで全人口の約20％（日本の人口の約2倍！）を占めています。

2文字の姓としては司马Sīmǎ、欧阳Ōuyángなどがありますが、数はあまり多くありません。

また、中国では夫婦別姓です。一般的に、子どもの姓は父親と同じ場合が多いのですが、政治家の場合、子どもに影響が及ぶことなどへの配慮から、母親の姓をつけることがよくあります。

2日め

シー
shì

是

英語でいう be 動詞の使い方

~です

CD-18

ここでは、国籍や職業などを説明するときに使える「~です」という表現について学びます。

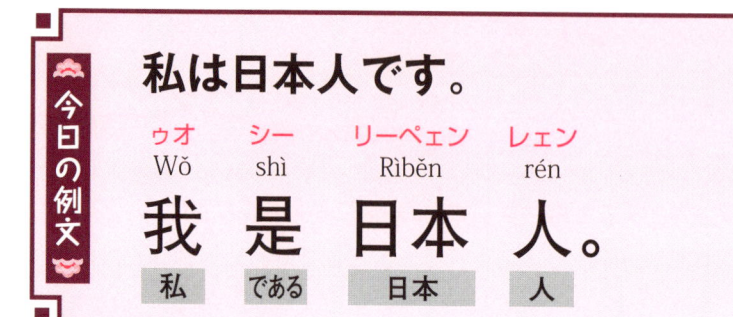

今日の例文

私は日本人です。

ウオ Wǒ	シー shì	リーペェン Rìběn	レェン rén
我	是	日本	人。
私	である	日本	人

❗ 文法のポイント

シー shì 是 （~である） ＋ 国籍、職業など

　英語のbe動詞「~である」にあたる中国語は、是です。「AはBである」といういい方をする場合は、「A是B」という形で示します。

　自分や他人の国籍や職業などを説明する場合は、我や他（她）などの主語の後ろに是を置き、続けて国籍や職業などを示す単語を入れます。

例 我 是 记者。Wǒ shì jìzhě（私は記者です。）
　ウオ シー チーヂヲ

　英語のbe動詞の場合は、"I"なら"am"、"he"なら"is"、などのように、人称によって変わりますが、中国語では1人称でも、2人称でも、3人称でもすべて是です。

例 他 是 公司 职员。Tā shì gōngsī zhíyuán（彼は会社員です。）
　ター シー コォンスー ヂュエン

使ってみよう！ 言いかえフレーズ

ター Tā	シー shì	ハァンクゥオ Hánguó	レェン rén
他	是	韩国	人。
彼	である	韓国	人

（彼は韓国人です。）

ウオ Wǒ	シー shì	チァオシー jiàoshī	
我	是	教师。	
私	である	教師	

（私は教師です。）

> 是は、"was"や"were"のような過去形もありません。過去について述べているか否かは、過去を示す言葉が使われていることや、前後の話の流れから判断することになります。

42

シーンで覚える 会話例

お互いの名前がわかったら、国籍と職業を教えあってみましょう。

真由美
私は日本人です。
ウオ シー リーペェン レェン
Wǒ shì Rìběn rén
我 是 日本 人。※
私 である 日本 人

劉平
私は中国人です。
ウオ シー ヂォンクゥオ レェン
Wǒ shì Zhōngguó rén
我 是 中国 人。※
私 である 中国 人

真由美
私は会社員です。
ウオ シー コォンスー ヂーユエン
Wǒ shì gōngsī zhíyuán
我 是 公司 职员。
私 である 会社 従業員

劉平
私は学生です。
ウオ シー シュエシヲン
Wǒ shì xuésheng
我 是 学生。
私 である 学生

※国籍をいう場合には、このように国名の後に人（レェン）をつけるだけでOKです。

入れ替えて使える！〜国籍と職業〜

フランス人 ファークゥオレェン Fǎguó rén 法国 人	アメリカ人 メェイクゥオレェン Měiguó rén 美国 人
ブラジル人 バーシー レェン Bāxī rén 巴西 人	イギリス人 インクゥオ レェン Yīngguó rén 英国 人
公務員 コォンウーユエン gōngwùyuán 公务员	記者 チーヂヲ jìzhě 记者
料理人 チュシー chúshī 厨师	看護師 フゥシー hùshi 护士

豆知識 中国人とのコミュニケーション

中国語会話を勉強することによって、中国人と直接コミュニケーションする機会が増えるかもしれません。中国人はたいてい率直で、ストレートないい方を好みます。アピールしたいことなどがあれば、はっきりと、単刀直入に話すことを意識しておきましょう。

また、中国人は、家族、出身地の話題を好みます。相手の家族のことを積極的に聞いてみましょう。きっと、喜んで話してくれるはずです。相手が男性であればスポーツ、若い女性であればファッションや化粧品の話も盛り上がるでしょう。

3日め

吗 ma
（〜です）か？ 〔疑問詞〕

CD-19

ここでは、相手の出身地などを尋ねるときに使える「（〜です）か？」という表現について学びます。

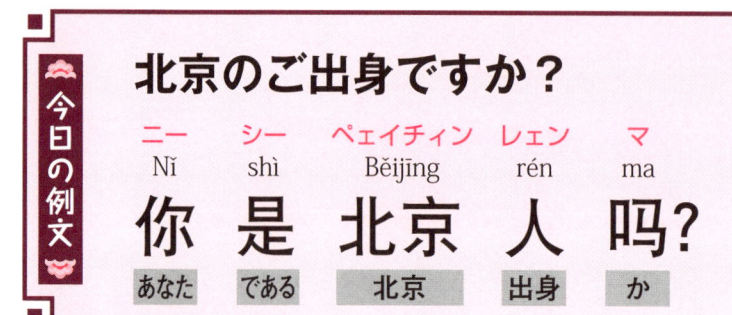

今日の例文

北京のご出身ですか？

你 是 北京 人 吗？
Nǐ shì Běijīng rén ma
(ニー シー ペェイチィン レェン マ)
あなた／である／北京／出身／か

! 文法のポイント

平叙文の文末 ＋ 吗 ma（か） ＋ ？

2日め（→p.42）では、自分の国籍や職業を是を使って説明するいい方を学びました。では、相手の国籍や職業を「あなたは中国人ですか？」あるいは「あなたは会社員ですか？」などと尋ねる場合にはどうすればよいのでしょうか。

この場合、以下のように文末に吗をつければ、それだけで疑問文になります。この吗は、疑問の意味を表す助詞で、疑問文をつくる場合によく使われます。

例 你 是 中国 人 吗？ Nǐ shì Zhōngguó rén ma （あなたは中国人ですか？）
你 是 公司 职员 吗？ Nǐ shì gōngsī zhíyuán ma （あなたは会社員ですか？）

この質問に対する答えは、「はい」なら是 shì、「いいえ」なら不是 bùshì となります。

使ってみよう！ 言いかえフレーズ

他 是 韩国 人 吗？ （彼は韓国人ですか？）
Tā shì Hánguó rén ma
(ター シー ハァンクゥオ レェン マ)
彼／である／韓国／人／か

你 是 教师 吗？ （あなたは教師ですか？）
Nǐ shì jiàoshī ma
(ニー シー チァオシー マ)
あなた／である／教師／か

「彼」ではなく「彼女」とする場合には、她 tā にします。

シーンで覚える 会話例

相手の出身地を尋ねてみましょう。また、逆に自分の出身地を尋ねられたときの答え方も覚えましょう。

真由美: 北京のご出身ですか？
ニー　シー　ペェイチィン　レェン　マ
Nǐ shì Běijīng rén ma
你 是 北京 人※❶ 吗？
あなた　である　北京　出身　か

劉平: はい。あなたは東京出身ですか？
シー　ニー　シー　トォンチィン　レェン　マ
Shì Nǐ shì Dōngjīng rén ma
是。你 是 东京 人※❶ 吗？
はい　あなた　である　東京　出身　か

真由美: はい。でも母は大阪出身です。
シー　ブークゥオ　ウオ　マーマ　シー　ターパァン　レェン
Shì Bùguò wǒ māma shì Dàbǎn rén
是。不过，我 妈妈 是 大阪 人※❶。
はい　でも　私　母　である　大阪　出身

劉平: そうですか。私の母は上海出身です。
シー　マ　ウオ　マーマ　シー　シァンハァイ　レェン
Shì ma Wǒ māma shì Shànghǎi rén
是 吗？ 我 妈妈 是 上海 人※❶。
である　か　私　母　である　上海　出身

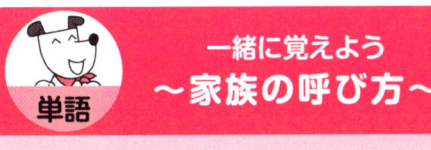

> ※❶ 国籍と同様、出身地も人で示すことができます。
> ※❷ 不过は「しかし」「でも」という意味の接続詞で、前に述べたことを修正したり、異なる見解を示す場合などに使います。
> ※❸ 是吗は「そうですか」と相手のいっていることを確認するようなニュアンスです。

第2章 基本の文法と会話　3日め

一緒に覚えよう 〜家族の呼び方〜 【単語】

（父方の）祖母	（父方の）祖父
ナァイナァイ nǎinai 奶奶	イエィエ yéye 爷爷

（母方の）祖母	（母方の）祖父
ラァオラァオ lǎolao 姥姥	ラァオイエ lǎoye 老爷

姉	妹
チィエチィエ jiějie 姐姐	メェイメェイ mèimei 妹妹

兄	弟
クヲクヲ gēge 哥哥	ティーティ dìdi 弟弟

＋α プラスアルファー もうひとつの疑問文 反復疑問文

「はい」か「いいえ」かの答えを求める疑問文には、吗を用いる以外にも、反復疑問文と呼ばれるものがあります。これは、「肯定の表現」と「否定の表現」（→6日め、p.50参照）を並べて疑問文をつくるものです。

例えば、「今日の例文」を反復疑問文にすると、次のようになります。

例 你 是 不 是 北京 人？
Nǐ shì bu shì Běijīng rén
（北京のご出身ですか？）

反復疑問文に対して吗を使った疑問文を当否疑問文などということがあります。

45

4日め

シュエシー
xuéxí
学习

一般的な動詞の使い方
勉強します

CD-20

ここでは学习「勉強します」など、是以外の一般的な動詞の使い方について学んでいきましょう。

今日の例文

私は中国語を勉強しています。

ウオ　　シュエシー　　ハァンユイ
Wǒ　　xuéxí　　Hànyǔ

我　学习　汉语。
　私　　勉強する　　中国語

❗ 文法のポイント

主語 ＋ 述語（動詞）（＋目的語）

　ここまでの学習でお気づきかと思いますが、中国語は基本的に「主語＋述語」の順番になっています。学习(シュエシー)や叫 jiào(チァオ)のような是 shì(シー)以外の一般的な動詞も同様です。
　例えば、「行く」を意味する去 qù(チュイ)を使って、「私は行きます」という文をつくるときには、我(ウオ)の後ろに去(チュイ)を置きます。

例 我 去。Wǒ qù（私は行きます。）

　日本語と同様、動詞には目的語をとるもの（他動詞）と目的語をとらないもの（自動詞）があります。動詞が目的語をとる場合には、通常、「今日の例文」のように動詞の後に置かれます。英語と同じ語順であると考えてよいでしょう。

例 他 喝 酒。Tā hē jiǔ（彼はお酒を飲みます。）

　また、是と同様に、一般的な動詞も人称によって変化することはなく、過去形もありません。

使ってみよう！ 言いかえフレーズ

他動詞の中には、動詞と目的語が1つの単語のようになっているものもあります。
吃は「食べる」、饭は「食事、ご飯」の意味で、2つの単語が合わさり「食事する」という1つの動詞になっています。

ウオ　チー　ファン
Wǒ　chī　fàn

我 吃 饭。（私は食事をします。）
私　食べる　食事

46

シーンで覚える 会話例

中国語を勉強していることを伝えましょう。また、相手はどんな外国語を勉強しているのか尋ねてみましょう。

真由美：私は中国語を勉強しています。
ウオ シュエシー ハァンユイ
Wǒ xuéxí Hànyǔ
我 学习 汉语。
[私] [勉強する] [中国語]

劉平：私はフランス語を勉強しています。
ウオ シュエシー ファーユイ
Wǒ xuéxí Fǎyǔ
我 学习 法语。
[私] [勉強する] [フランス語]

真由美：日本語は勉強していますか？
ニー シュエシー リーユイ マ
Nǐ xuéxí Rìyǔ ma
你 学习 日语 吗？※❶
[あなた] [勉強する] [日本語] [か]

劉平：はい、しています。
ウオ シュエシー リーユイ
Wǒ xuéxí Rìyǔ
我 学习 日语。※❷
[私] [勉強する] [日本語]

※❶「勉強していますか？」と疑問文をつくる場合には、文末に吗をつけます（→3日め、p.44参照）。
※❷疑問文に「はい」と答える場合には、疑問文で聞かれていることを肯定文の形で繰り返します。

第2章 基本の文法と会話　4日め

単語 入れ替えて使える！〜基本動詞①〜

聞く	見る
ティン tīng	カァン kàn
听	看

入る	出る
チン jìn	チゥ chū
进	出

行く	来る
チュイ qù	ラァイ lái
去	来

参加する	買う
ツァンチア cānjiā	マァイ mǎi
参加	买

豆知識 一番人気は英語

　中国人の間で一番人気の高い外国語は、やはりなんといっても英語です。

　外資系企業が数多く進出するなど、中国では国際化が進み、そのような環境の中で「これからの時代を生きていくために英語力は不可欠」という意識が強まっています。

　そのため、上海などの都市部の若者であれば、英語を理解できる人も多いので、現地では英語を交えてコミュニケーションをとることも可能でしょう。

　なお、日本語の人気も高く、総合大学であれば日本語学科が設置されています。

5日め

难、容易
ナァン　ロォンイー
nán　róngyì

形容詞の使い方：叙述

難しいです、簡単です

ここでは「難しいです」「簡単です」など、形容詞を述語として使う表現方法について学んでいきましょう。

CD-21

今日の例文

日本語の発音は簡単ですか？

日语	发音	容易	吗?
リーュイ Rìyǔ	ファーイン fāyīn	ロォンイー róngyì	マ ma
日本語	発音	簡単である	か

文法のポイント

主語 ＋ 述語（形容詞）

　中国語では「難しい」「簡単です」などの形容詞も、単独で述語として使われます。英語であれば形容詞を述語にする場合、be動詞を前に置いて"is easy"（簡単です）というようにしなければなりませんが、中国語では是（シー）を使わずに形容詞だけで文がつくれます。

　形容詞を述語として用いる場合には、下の例のように很 hěn（ヘェン）を形容詞の前に置くことがよくあります。

例 她很温柔。Tā hěn wēnróu（彼女は（とても）やさしいです。）
（ター ヘェン ゥエンロォゥ）

　很（ヘェン）は「とても」という意味の副詞ですが、その本来の意味で使われているとは限りません。いわば、慣用的に置かれているだけの場合が多くあります（→p.49、プラスアルファー参照）。また、「今日の例文」が示すように、動詞の場合と同様、文末に吗（マ）を置くだけで疑問文になります。

使ってみよう！ 言いかえフレーズ

登山	有意思	吗?
トヲンシャン Dēngshān	ィオウイース yǒuyìsi	マ ma
登山	おもしろい	か

（登山はおもしろいですか？）

48

シーンで覚える 会話例

自分が勉強している外国語について、やさしいか難しいか、感想を話してみましょう。

真由美: 中国語は難しいですね。
ハァンユイ ヘェン ナァン
Hànyǔ hěn nán
汉语 很 难。
（中国語／とても／難しい）

劉平: 日本語も難しいですね。
リーユイ イエ ヘェン ナァン
Rìyǔ yě hěn nán
日语 也※ 很 难。
（日本語／も／とても／難しい）

※也は「〜も」という意味で、2つの事柄が同じであることを表す副詞です。

真由美: 日本語の発音は簡単ですか？
リーユイ ファーイン ロォンイー マ
Rìyǔ fāyīn róngyì ma
日语 发音 容易 吗?
（日本語／発音／簡単である／か）

劉平: 難しいです。
ヘェン ナァン
Hěn nán
很 难。
（とても／難しい）

入れ替えて使える！ 〜形容詞〜

長い チャン cháng 长	短い トゥアン duǎn 短
大きい ター dà 大	小さい シァオ xiǎo 小
多い トゥオ duō 多	少ない シァオ shǎo 少
よい ハァオ hǎo 好	悪い フゥアイ huài 坏

＋α 很に「とても」の意味があるとき、ないとき

很は、「文法のポイント」で説明したように、慣用的に形容詞の前に置かれているだけという場合があります。

例 ツゥオティェン ヘェン ロォ
昨天 很 热。Zuótiān hěn rè
（昨日は暑かったです。）

很が慣用的に使われているのか、「とても」の意味を強調しているのかは、文脈や発音のしかたなどから推測します。很をとくに強く発音している場合には、「とても」という意味をこめて使っていると判断できます。

例 ウォ ヘェン カォシィン
我 很 高兴。Wǒ hěn gāoxìng
（私は（とても）うれしいです。）

第2章 基本の文法と会話 5日め

49

6日め

不 bù プー

否定文

〜ではありません

CD-22

中国語で「〜ではありません」といういい方はどうしたらよいでしょうか。ここでは、不を使って否定文をつくる方法を学びます。

今日の例文

はじめてではありません。

不 是 第一次。
Bú shì dìyīcì
プー シー ティーイーツー
ない　である　はじめて

! 文法のポイント

不（ない） Bù プー ＋ **動詞（形容詞）**

　ここまでの学習で出てきた肯定文は、どれも動詞あるいは形容詞の前に不を置くことによって、否定文にすることができます。
　例えば、「私は日本人です」「私は中国語を勉強しています」「中国語は難しいです」は否定文にすると次のようになります。

例
我不是日本人。Wǒ bú shì Rìběn rén（私は日本人ではありません。）
ウオ プー シー リーベェン レェン
我不学习汉语。Wǒ bù xuéxí Hànyǔ（私は中国語を勉強していません。）
ウオ プー シュエシー ハァンユイ
汉语不难。Hànyǔ bù nán（中国語は難しくありません。）
ハァンユイ プー ナァン

　なお、否定文には、不のほかに、没 méi（没有 méiyǒu）を使ったいい方もあります（→p.51、プラスアルファー参照）。

使ってみよう！ 言いかえフレーズ

我 不 去。（私は行きません。）
Wǒ bú qù
ウオ プー チュイ
私　ない　行く

> 不は後に第4声がくると、第2声に変化します（→p.27）。

他 不 喝 酒。（彼はお酒を飲みません。）
Tā bù hē jiǔ
ター プー フヲ チィオウ
彼　ない　飲む　酒

50

シーンで覚える 会話例

相手に質問したり、質問に答えたりしてみましょう。

劉平：中国ははじめてですか？
ティーイーツー ラァイ ヂォンクゥオ マ
Dìyīcì lái Zhōngguó ma
第一次 来 中国 吗？
はじめて／来る／中国／か

真由美：いいえ、はじめてではありません。
ブー ブー シー ティーイーツー
Bù bú shì dìyīcì
不, 不 是 第一次。
ない／ない／である／はじめて

劉平：中国が好きですか？
ニー シーフゥアン ヂォンクゥオ マ
Nǐ xǐhuan Zhōngguó ma
你 喜欢※ 中国 吗？
あなた／好き／中国／か

真由美：はい、私は中国が好きです。
ウオ シーフゥアン ヂォンクゥオ
Wǒ xǐhuan Zhōngguó
我 喜欢 中国。
私／好き／中国

※ 喜欢は「〜が好きです」という場合によく使われる動詞です。後ろには名詞だけでなく「動詞＋目的語」を入れることで、「〜するのが好きです」ということもできます。

入れ替えて使える！〜基本動詞②〜 （単語）

思う	（声に出して）読む
シァン xiǎng 想	ニェン niàn 念

書く	持つ
シィエ xiě 写	ナー ná 拿

歩く	走る
ズォウ zǒu 走	パオ pǎo 跑

話す	尋ねる
シゥオ shuō 说	ウェン wèn 问

＋α プラスアルファー　没（没有）を使った否定の表現

「文法のポイント」で触れたように、否定を表す表現としては、不のほかに没（没有）を使ったものがあります（→p.67、プラスアルファー参照）。

不ではなく没（没有）を使うべき場合としては、以下のように動作・状態が実現していない場合などがあげられます。

例 ター メイ メイイオウ ライ
他 没（没有）来。Tā méi (méiyǒu) lái
（彼は来ていません。）

なお、没有の有は、第3声ではなく軽声で発音されることもあります。

第2章 基本の文法と会話　6日め

51

7日め

的 (de) 〜の

所有や所属を表す：的の使い方

CD-23

中国語で「私の」というように所有や所属の関係を示す場合には、的を使います。的には様々な用法がありますが、まずはこの使い方を押さえましょう。

今日の例文

あなたの目はとてもきれいですね。

Nǐ	de	yǎnjing	hěn	piàoliang
ニー	トヲ	イエンチィン	ヘェン	ピァオリャン
你	的	眼睛	很	漂亮。
あなた	の	目	とても	きれい

! 文法のポイント

名詞を修飾する語（名詞、動詞、形容詞など） ＋ **的 (de)（の）** ＋ **名詞**

的は、前に置いた名詞、動詞、形容詞などによって、その後ろの名詞を修飾する役割を果たします。会話でよく使う「私の○○」「彼の○○」というように、誰のもの（に属するもの）なのかという所有関係、もしくは所属関係を表す場合には、「我（他）的○○」と表します。

例
- 我的钱包 wǒ de qiánbāo（私の財布）
- 走的人 zǒu de rén（歩く人）
- 漂亮的眼睛 piàoliang de yǎnjing（きれいな目）
- 她的狗 tā de gǒu（彼女の犬）

> 眼镜「メガネ」と眼睛「目」の発音はとても似ています。jingの声調が、镜は第4声なのに対して、睛は軽声です。間違えないようにしましょう。

使ってみよう！ 言いかえフレーズ

Nǐ	de	yǎnjìng	hěn	hǎokàn
ニー	トヲ	イエンチィン	ヘェン	ハァオカァン
你	的	眼镜	很	好看。
あなた	の	メガネ	とても	きれい

（あなたのメガネはとてもすてきです。）

Jīntiān	shì	wǒ	de	shēngrì
チンティエン	シー	ウォ	トヲ	シヲンリー
今天	是	我	的	生日。
今日	である	私	の	誕生日

（今日は私の誕生日です。）

シーンで覚える 会話例

相手の目や髪の毛などを「きれいだ」とほめたり、逆に気にしていることを「そんなことはない」と否定してあげましょう。

劉平: あなたの目はとてもきれいですね。
ニー トヲ イエンチィン ヘン ピァオリァン
Nǐ de yǎnjing hěn piàoliang
你 的 眼睛 很 漂亮。
あなた の 目 とても きれい

真由美: ありがとうございます。
シィエシィエ
Xièxie
谢谢。
ありがとう

劉平: 私は色黒なんです。
ウオ トヲ ピーフー ヘン ヘイ
Wǒ de pífū hěn hēi
我 的 皮肤 很 黑。
私 の 肌 とても 黒い

真由美: そんなことありませんよ。
メイ ナー シアル
Méi nà shìr
没 那 事儿。※
ない その こと

※没那事儿は慣用句で、会話で「そんなことはない」というニュアンスでよく使います。そのまま覚えましょう。

一緒に覚えよう 〜顔のパーツ〜

鼻	頭
ピーズ bízi 鼻子	トウ tóu 头

顔	髪の毛
リェン liǎn 脸	トウファ tóufa 头发

体	腰
シェンティー shēntǐ 身体	イァオ yāo 腰

歯	おなか
イアー yá 牙	トゥズ dùzi 肚子

プラスアルファー +α 的についての注意点

的は慣用的に省略される場合と、省略してもよい場合があります。例えば、的の前に我や他などの人称代名詞が置かれ、後ろに親族を表す名詞が続く場合は的を省略するのが一般的です。3日め（→p.45）に出てきた我妈妈 wǒ māma「私の母」はその一例です。

また、的は動詞の後ろや文末などに置かれて動作の主体を強調する使い方があります。

例 他买的。Tā mǎi de（彼が買いました。）

さらに、「〜もの」といういい方の用法もあり（→p.55）、的が出てきたら、どのような使われ方をしているのかに注意しましょう。

8日め

这、那 ヂヲ ナー zhè nà

ものを指す：代名詞

これ、あれ

CD-24

ここでは「これ（あれ）は〜です」といういい方を学びましょう。中国語で「これはあなたのですか？」と聞くことができるようになります。

今日の例文

これはあなたのカバンですか？

ヂヲ　シー　ニー　トヲ　パァオ　マ
Zhè　shì　nǐ　de　bāo　ma
这　是　你　的　包　吗?
これ　である　あなた　の　カバン　か

⚠ 文法のポイント

这（これ）、**那**（あれ） ＋ **是** ＋ 名詞
Zhè　　　　　Nà　　　　　　shì

中国語で「これ」「あれ」にあたる言葉は**这**、**那**です。**这**は話し手の近くにあるものを、**那**は遠くにあるものを示します。「これ（あれ）は〜です」と、「これ」「あれ」が示す対象を説明する場合には、**这**、**那**の後ろに**是**を置き、さらにその後ろに名詞を続けます。

例　**这 是 本子。** Zhè shì běnzi （これはノートです。）
　　那 是 圆珠笔。 Nà shì yuánzhūbǐ （あれはボールペンです。）

また、これらの文末に疑問詞の**吗**をつければ、簡単に「これ（あれ）は〜ですか？」と尋ねることができます。

例　**这 是 你 的 圆珠笔 吗?** Zhè shì nǐ de yuánzhūbǐ ma （これはあなたのボールペンですか？）

使ってみよう！ 言いかえフレーズ

ヂヲ　シー　ター　トヲ　シュ
Zhè　shì　tā　de　shū
这 是 他 的 书。（これは彼の本です。）
これ　である　彼　の　本

ナー　シー　ニー　トヲ　ショウピァオ　マ
Nà　shì　nǐ　de　shǒubiǎo　ma
那 是 你 的 手表 吗?（あれはあなたの腕時計ですか？）
あれ　である　あなた　の　腕時計　か

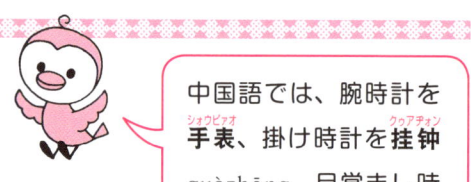

中国語では、腕時計を**手表**、掛け時計を**挂钟** guàzhōng、目覚まし時計を**闹钟** nàozhōngといいます。

54

シーンで覚える 会話例

誰のものかわからないとき、相手のものなのかどうか尋ねてみましょう。

劉平: これはあなたのカバンですか？
Zhè shì nǐ de bāo ma
这是你的包吗?
（これ／である／あなた／の／カバン／か）

真由美: はい、私のです。
Shì, shì wǒ de
是，是我的。※❶ ※❷
（はい／である／私／の）

劉平: あれもあなたのものですか？
Nà yě shì nǐ de ma
那也是你的吗?
（あれ／も／である／あなた／の／か）

真由美: いいえ、あれは違います。
Búshì, nà bú shì wǒ de
不是，那不是我的。
（いいえ／あれ／ない／である／私／の）

> ※❶ この文の場合、这「これ」は省略されています。
> ※❷ 我、你、他などの後ろに的を置くことで我的「私のもの」、你的「あなたのもの」、他的「彼のもの」といういい方ができます。

入れ替えて使える！ ～身の回りのもの～ 単語

万年筆 カァンビー gāngbǐ 钢笔	鉛筆 チェンビー qiānbǐ 铅笔
携帯電話 シォウチー shǒujī 手机	鏡 チィンズ jìngzi 镜子
財布 チェンパァオ qiánbāo 钱包	ハンカチ シォウチュエン shǒujuàn 手绢
鍵 イァオシ yàoshi 钥匙	カメラ ジャオシャンチー zhàoxiàngjī 照相机

＋α 形容詞＋的の表現

「人称代名詞＋的」の形で、我的「私の」などの所有を表すことができました（→7日め）。さらに、「形容詞＋的」「動詞＋的」の形で、次のような表現ができます。

◆形容詞＋的
大的 dà de 「大きいもの」
小的 xiǎo de 「小さいもの」
热的 rè de 「熱いもの」
凉的 liáng de 「冷たいもの」

◆動詞＋的
吃的 chī de 「食べもの」
喝的 hē de 「飲みもの」

9日め

勧誘の表現：勧誘の語気助詞

パ
ba
吧

～しましょう

CD-25

「～しましょう」と人を誘うときに使う表現を学びます。疑問文と同様に、平叙文の文末に1文字を加えるだけで勧誘の表現にできます。

今日の例文

少し散歩しましょうか！

チュイ	サァンサァンプー	パ
Qù	sànsanbù	ba
去	散散步	吧！
行く	ちょっと散歩する	しよう

❗ 文法のポイント

平叙文の文末	＋	パ ba 吧（しましょう）

人に「～しましょう」と誘うときには、平叙文の文末に勧誘の助詞吧をつけます。吧や、3日め（→p.44）で学習した疑問詞吗のように、文末に置いて疑問や勧誘などを示す助詞を「語気助詞」といいます。

例 吃 吧！ Chī ba （食べましょう！）
　　チー　パ

吧は勧誘だけでなく、命令や要求、推測、さらには疑問を表現する場合にも使われます。どの意味で使われているかは、文脈や会話の流れなどから判断します。また、勧誘の表現には吧のほかに、文末に怎么样? Zěnmeyàng「どうですか？」をつける方法もあります。吧より、怎么样のほうが相手の意思をより尊重するニュアンスが強くなります。

例 喝 咖啡 怎么样? Hē kāfēi zěnmeyàng （コーヒーを飲みませんか？） ※咖啡 kāfēiは「コーヒー」。
　　フヲ　カーフェイ　ゼンマヲィアン

使ってみよう！
言いかえフレーズ

ティン	インユエ	パ
Tīng	yīnyuè	ba
听	音乐	吧。（音楽を聞きましょう。）
聞く	音楽	しよう

> 我们は我の複数形です。们がつくと複数形になるものには、你们「あなたたち」、他们「彼ら」、她们「彼女ら」などがあります。

ウオメン	イーチー	チュイ	パ
Wǒmen	yìqǐ	qù	ba
我们	一起	去	吧。（一緒に行きましょう。）
私たち	一緒に	行く	しよう

56

シーンで覚える 会話例

最初に2人が会った場所から外に移動します。相手を散歩に誘ういい方を覚えましょう。

第2章 基本の文法と会話　9日め

劉平：
少し散歩しましょうか！
チュイ サァンサァンブー パ
Qù sànsanbù ba
去 散散步 吧！
行く／ちょっと散歩する／しよう

真由美：
いいですね。
ハァオ パ
Hǎo ba
好 吧。※
よい

※**好 吧**は誘いに対して「いいですね」と同意するときに使います。

劉平：
あれはデパートかな？
ナー シー パァイフゥオシァンティエン マ
Nà shì bǎihuòshāngdiàn ma
那 是 百货商店 吗？
あれ／である／デパート／か

真由美：
そうですね。入ってみましょう！
シー チンチュイ カァンカァン パ
Shì Jìnqù kànkan ba
是。进去 看看 吧！
はい／入る／ちょっと見る／しよう

一緒に覚えよう ～中国のお店～ 【単語】

洋服店 フーヂゥアンティエン fúzhuāngdiàn **服装店**	コンビニエンスストア ビェンリーティエン biànlìdiàn **便利店**
市場 ツァイシーチャン càishìchǎng **菜市场**	喫茶店 カーフェイティエン kāfēidiàn **咖啡店**
薬局 イァオティエン yàodiàn **药店**	パン屋 ミェンパオティエン miànbāodiàn **面包店**
書店 シゥティエン shūdiàn **书店**	美容院 メイファーティン měifàtīng **美发厅**

プラスアルファー ＋α 「ちょっと～する」のいい方

会話例の**散散步**や**看看**は、散步 sànbù「散歩する」、看 kàn「見る」の動詞を重ねて「ちょっと散歩する」「ちょっと見る」と表現しています。中国語では、このように動詞を重ねることで「ちょっと～する」というニュアンスを表すことができます。なお、散步は**散**という動詞と**步**という目的語が組み合わさってできた言葉なので**散**のみを重ねます。

例
- 看看 kànkan　「ちょっと見る」
- 想想 xiǎngxiang　「ちょっと考える」
- 走走 zǒuzou　「ちょっと歩く」
- 问问 wènwen　「ちょっと聞く」

10日め

ヂェン タァイ プータァイ
zhēn　 tài　　 bú tài

真、太、不太

形容詞を修飾する：程度を表す副詞

本当に、とても、あまり～でない

形容詞を修飾する副詞、「本当に」「とても」「あまり～でない」の使い方について学びましょう。

CD-26

今日の例文

本当にかわいい！

ヂェン　　クヲアイ
Zhēn　　 kě'ài

真　可爱！
本当に　かわいい

❗ 文法のポイント

ヂェン　　　　　タァイ　　　　　　プータァイ
zhēn　　　　　 tài　　　　　　　 bú tài
真（本当に）、太（とても）、不太（あまり～でない）　＋　形容詞

　日本語と同様に中国語の副詞も形容詞や動詞の前に置かれます。また、6日め（→p.50）で学習した不も副詞の一種です。5日め（→p.48）の会話例で「とても」を意味する很について触れましたが、同じように程度を表す副詞でよく使われるものに、真「本当に」、太「とても」、不太「あまり～でない」があります。

例　真好！ Zhēn hǎo（本当によい！）

　また、太を肯定文で使うときには、文末に感嘆の気持ちを表す了 le という語気助詞をつけて使います。

例　太好了！ Tài hǎo le（とてもよい！）　　不太好。Bù tài hǎo（あまりよくない。）

使ってみよう！ 言いかえフレーズ

タァイ　レェイ　ラ
Tài　 lèi　 le

太 累 了！（ああ、疲れた！）
とても　疲れる

ヂェン　ピェンイー
Zhēn　 piányi

真 便宜！（本当に安い！）
本当に　安い

「値段が高い」という場合には、貴 guì を使います。

シーンで覚える 会話例

デパートの中はとても広く、真由美は思わず驚きの声をあげました。感嘆の気持ちを表すいい方を覚えましょう。

第2章 基本の文法と会話　10日め

真由美：わっ、広いですね！
タァイ ター ラ
Tài dà le
太 大 了！
〔とても〕〔大きい〕

劉平：見てください、この人形。本当にかわいいですね！
ニー カァン ヂヲクヲ ブーワーワ ヂェン クヲアイ
Nǐ kàn zhège bùwáwa Zhēn kě'ài
你 看※, 这个 布娃娃。真 可爱！
〔あなた〕〔見る〕〔この〕〔人形〕〔本当に〕〔かわいい〕

真由美：本当にかわいい！
ヂェン クヲアイ
Zhēn kě'ài
真 可爱！
〔本当に〕〔かわいい〕

劉平：値段はあまり高くないですね。
チィアクヲ ブー タァイ クゥイ
Jiàgé bú tài guì
价格 不 太 贵。
〔値段〕〔ない〕〔あまり〕〔値段が高い〕

※**你 看**は「ほら見てください」というニュアンスをもっています。相手の注意を引きたいときなどによく使います。

単語　一緒に覚えよう 〜形容詞・形容動詞〜

つまらない	面倒である
メェイイース méiyìsi	マーファン máfan
没意思	麻烦

うれしい	悲しい
カァオシィン gāoxìng	ベェイシァン bēishāng
高兴	悲伤

すばらしい	愉快である
バァン bàng	ユイクゥアイ yúkuài
棒	愉快

うるさい	静かである
チァオ chǎo	アンチィン ānjìng
吵	安静

プラスアルファ +α 　这个、那个のいい方

会話例の**这个**「この」は、8日めで学んだ**这**「これ」に量詞（→P.72）**个** ge「個」をつけたものです。同様に、**那**「あれ」に量詞**个**をつけて**那个** nàge「あの」となります。

また、**这个、那个**のいずれも、後に名詞を伴わず単独で「これは」「あれは」「これを」「あれを」というように主語や目的語として使うことができます。

例 那个 是 他 的。 Nàge shì tā de
（あれは彼のです。）

我 吃 这个。 Wǒ chī zhège
（私はこれを食べます。）

59

練習問題①（1日め〜10日め）

1 次の日本語に合うように、（ ）内の中国語を正しい語順に並べ替えましょう。

1 私は中国語を勉強しています。
（①汉语　②我　③学习）。

2 中国語は難しいですね。
（①难　②汉语　③很）。

3 あなたは東京出身ですか？
你（①吗　②是　③东京 人）?

4 私は日本人ではありません。
我（①是　②日本 人　③不）。

2 次の（ ）に入る最も適切な単語を、下の①〜④の中から1つずつ選びましょう。

1 我（ ）刘 平。　　　　　　（私は劉平といいます。）

2 去 散散步（ ）！　　　　　（少し散歩しましょうか！）

3 （ ）是 你 的 包 吗?　　　（これはあなたのカバンですか？）

4 （ ）好 了！　　　　　　　（とてもよい。）

①太　　②吧　　③叫　　④这

60

解答と解説

1

1 正解：②③①　（我 学习 汉语）。
<small>ウオ シュエシー ハアンユイ</small>

→ P.46　中国語では、「主語＋動詞」の構文となります。目的語をとる場合は、通常、動詞の後に置かれます。主語は文脈によっては省略されることもあります。

2 正解：②③①　（汉语 很 难）。
<small>ハアンユイ ヘェン ナァン</small>

→ P.48　中国語では、形容詞が単独で述語として使われます。動詞と同様に、「主語＋形容詞」の構文ですが、形容詞の前には副詞が置かれることがあります。

3 正解：②③①　（你 是 东京 人 吗）？
<small>ニー シー トォンチィン レェン マ</small>

→ P.44　吗を、文末に置くと疑問文になります。このように文末に置かれて特別な働きをする助詞を語気助詞といいます。

4 正解：③①②　（我 不 是 日本 人）。
<small>ウオ ブー シー リーベェン レェン</small>

→ P.50　不を、動詞や形容詞の前に置くと否定文になります。否定文には、没（没有）を使った表現もあります。動作・状態が実現していないことを表す場合には、通常、没が用いられます。

2

1 正解：③　我（叫）刘 平。
<small>ウオ チァオ リィオウ ピィン</small>

→ P.40　自己紹介するときなどに、自分の名前を伝える「～といいます」は叫です。なお、姓だけをいう場合には、姓を使います。

2 正解：②　去 散散步（吧）！
<small>チュイ サァンサァンブー バ</small>

→ P.56　「～しましょう」と誘うときには、勧誘の語気助詞である吧を使います。同様の表現は、文末に怎么样を使っても表せます。

3 正解：④　（这）是 你 的 包 吗?
<small>ヂヲ シー ニー トヲ バァオ マ</small>

→ P.54　「これ」を意味するのは、这です。買い物などでよく使う表現です。ちなみに、「あれ」と示したいときには、那を使います。

4 正解：①　（太）好 了！
<small>タァイ ハァオ ラ</small>

→ P.58　「とても」を意味する太を入れます。否定形の不太は「あまり～でない」という意味になります。

第2章　基本の文法と会話

まとめ会話①（1日め～10日め）

中国語を勉強する様々な国の人が集まる親善パーティーが開かれました。中国語で参加者との会話を楽しんでみましょう。下線部に適切な語を入れて練習してみましょう。

1 自分の名前を教えてみましょう。

我 叫＿＿＿＿＿。 Wǒ jiào ＿＿＿ （フルネームをいう場合）
ゥオ チァオ

我 姓＿＿＿＿＿。 Wǒ xìng ＿＿＿ （名字だけをいう場合）
ゥオ シィン

2 自分の職業を教えましょう。

我 是＿＿＿＿＿。 Wǒ shì ＿＿＿
ゥオ シー

3 相手の職業を尋ねてみましょう。

你 是＿＿＿＿＿吗? Nǐ shì ＿＿＿ ma
ニー シー マ

4 自分が勉強している言語を教えましょう。

我 学习＿＿＿＿＿。 Wǒ xuéxí ＿＿＿
ゥオ シュエシー

5 その言語は難しいといってみましょう。

＿＿＿＿＿很 难。 ＿＿＿ hěn nán
ヘェン ナァン

わからないときは前のページに戻って学習してください。

6 「○○人ですか？」と尋ねられたときに、そうではないことを伝えましょう。

我 不 是＿＿＿＿人。 Wǒ bú shì ＿＿ rén
ｳｫ ﾌﾞｰ ｼｰ　　　　ﾚｪﾝ

7 「あなたの○○はとてもきれいですね。」と顔や体のパーツをほめてみましょう。

你 的＿＿＿＿很 漂亮。 Nǐ de ＿＿ hěn piàoliang
ﾆｰ ﾄｦ　　　　ﾍｪﾝ ﾋﾟｧｵﾘｧﾝ

8 「これは〜ですか？」「あれは〜ですか？」と尋ねてみましょう。

这（那）是＿＿＿＿吗? Zhè（Nà）shì ＿＿ ma
ﾁﾞｦ ﾅｰ ｼｰ　　　ﾏ

※「これ」の場合は这、「あれ」の場合は那を使います。

9 「〜しましょう！」と誘ってみましょう。

＿＿＿＿吧！＿＿ ba
　　　　ﾊﾞ

10 パーティー会場で目にしたものが気に入った場合、「とてもよい」といってみましょう。

太 好 了。 Tài hǎo le
ﾀｧｲ ﾊｧｵ ﾗ

第2章 基本の文法と会話

11日め

在 (ザァイ zài)

存在・所在の表し方①

います・あります

CD-27

ここでは、在（ザァイ）を使って、人がいる場所、物がある場所をいう表現を覚えましょう。

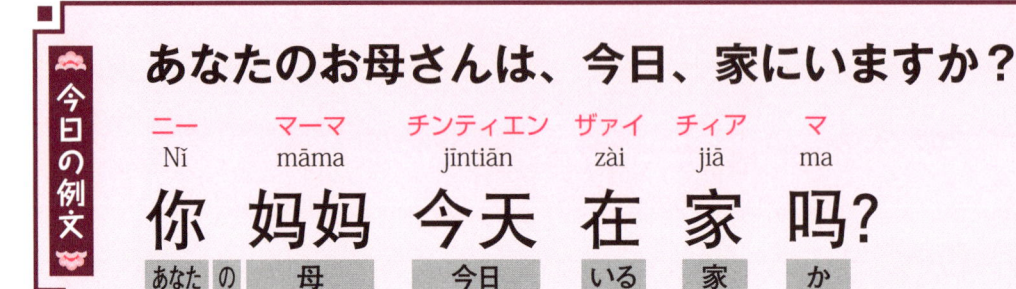

今日の例文

あなたのお母さんは、今日、家にいますか？

你	妈妈	今天	在	家	吗?
ニー	マーマ	チンティエン	ザァイ	チィア	マ
Nǐ	māma	jīntiān	zài	jiā	ma
あなたの	母	今日	いる	家	か

⚠ 文法のポイント

人・物 ＋ **在 zài（いる・ある）** ＋ **場所**

「～は～にいます・あります」というように、人や物の存在を表すときには、動詞の在（ザァイ）を使います。在の使い方はほかの動詞と同様に、主語となる人・物の後に在を置き、場所を表す語を続けます。

例 他 在 公司。 Tā zài gōngsī （彼は会社にいます。）

在の前に不を置くと「～は～にいません・ありません」という否定の形になります。

例 我 爸爸 不 在 家。 Wǒ bàba bú zài jiā （私の父は家にはいません。）

また、在は「～に」という場所を表す前置詞としてもよく使われるので、混同しないように気をつけましょう。

例 我 住 在 北京。 Wǒ zhù zài Běijīng （私は北京に住んでいます。）

使ってみよう！ 言いかえフレーズ

> 上 shàng の前に名詞を置き、「～の上」という意味を表しています。

圆珠笔	在	桌子	上。
ユエンヂュビー	ザァイ	ヂュオズ	シァン
Yuánzhūbǐ	zài	zhuōzi	shàng
ボールペン	ある	机	上

（ボールペンは机の上にあります。）

他	在	医院。
ター	ザァイ	イーユエン
Tā	zài	yīyuàn
彼	いる	病院

（彼は病院にいます。）

64

シーンで覚える 会話例

相手の家族について尋ねてみましょう。
「家にいる」といういい方を学びます。

真由美: あなたのお母さんは、今日、家にいますか？
ニー マーマ チンティエン ザイ チィア マ
Nǐ māma jīntiān zài jiā ma
你 妈妈 今天※ 在 家 吗?
あなた の 母　今日　いる 家 か

劉平: います。
ザァイ チィア
Zài jiā
在 家。
いる 家

真由美: 働いていないんですか？
ター プー コォンズゥオ マ
Tā bù gōngzuò ma
她 不 工作 吗?
彼女 ない 働いている か

劉平: 働いていますよ、今日は休みです。
コォンズゥオ チンティエン シィオウシ
Gōngzuò jīntiān xiūxi
工作, 今天 休息。
働いている 今日 休みである

※**今天**以外の時間を表す表現は、**昨天** zuótiān「昨日」、**明天** míngtiān「明日」、**后天** hòutiān「明後日」となります。

第2章 基本の文法と会話 11日め

一緒に覚えよう ～位置を表す名詞～

上 シャンミェン shàngmiàn 上面	下 シィアミェン xiàmiàn 下面
右 ィオウビィエン（ィオウビアル） yòubian (yòubianr) 右边（儿）	左 ズゥオビィエン（ズゥオビアル） zuǒbian (zuǒbianr) 左边（儿）
中 リービィエン（リービアル） lǐbian (lǐbianr) 里边（儿）	外 ゥアイビィエン（ゥアイビアル） wàibian (wàibianr) 外边（儿）
前 チェンビィエン（チェンビアル） qiánbian (qiánbianr) 前边（儿）	後 ホォウビィエン（ホォウビアル） hòubian (hòubianr) 后边（儿）

※右、左、中、外、前、後は、発音時に儿を発します。

プラスアルファー +α 副詞にも前置詞にもなる在

在は、是（→2日め）と有（→12日め）とともに、中国語の中でも最もよく使われる動詞のベスト3に入るといわれています。「いる・ある」という意味のほかに「存在する・生存する」という意味でも使われます。

また、在は動詞としてだけでなく、場所を表す前置詞「〜に」として使われます。さらに、副詞としても用いられます（→30日め）。

在が出てきたら、この使われ方は動詞なのか、前置詞なのか、副詞なのかを、文脈や在が置かれている位置などから見分けることが大切です。

65

12日め

存在・所在の表し方②

ィオウ
yǒu
有

います・あります

ここでは、「います・あります」という、人や物の存在をいういい方について学びましょう。

CD-28

今日の例文

あそこに専門店があります。

ナアル　　ィオウ　ヂュアンマァイティエン
Nàr　　yǒu　 zhuānmàidiàn
那儿　 有　 专卖店。
あそこ　ある　　専門店

！ 文法のポイント

場所 ＋ ｲｵｳ yǒu 有（いる・ある）＋ 人・物

「〜に〜がいます・あります」というときは、動詞の有を使います。有の前に場所を表す語を、後ろに人や物を表す語を置きます。

例 ナアル ィオウ ツゥスゥオ
那儿 有 厕所。 Nàr yǒu cèsuǒ（あそこにトイレがあります。）

また、「〜は〜にない・いない」と否定する場合は、没有 méiyǒu か没 méi を使います。

例 ナアル メェィオウ ツゥスゥオ
那儿 没有 厕所。 Nàr méiyǒu cèsuǒ（あそこにトイレはありません。）

ちなみに「〜に人はいますか？」と尋ねるときは、〜有人吗? yǒu rén ma といいます。会話でよく使う表現なので覚えておきましょう。

例 フゥイーシー ィオウ レェン マ
会议室 有 人 吗? Huìyìshì yǒu rén ma（会議室に人はいますか？）　※会议室 huìyìshì は「会議室」。

使ってみよう！ 言いかえフレーズ

这儿 zhèr は「ここ」、那儿 nàr は「あそこ」を意味します。なお、「ここ」は这里 zhèli、「あそこ」は那里 nàli ともいいます。

ヂヲアル ィオウ ィオウチュィ
Zhèr　yǒu　yóujú
这儿 有 邮局。（ここに郵便局があります。）
ここ　ある　郵便局

チァオシー ィオウ レェン マ
Jiàoshì　yǒu　rén　ma
教室 有 人 吗?（教室に人はいますか？）
教室　いる　人　か

66

シーンで覚える 会話例

デパートでチャイナドレスを探しています。「〜はありますか?」と尋ねるいい方を覚えましょう。

真由美: 服を見ましょう!
カァン　イーフ　パ
Kàn　yīfu　ba
看　衣服　吧!
見る　服　しよう

劉平: 女性服はあそこにありますね。
ニュイシー　フーヂュアン　ザァイ　ナアル
Nǚshì　fúzhuāng　zài　nàr
女士　服装　在※　那儿。
女性　服　ある　あそこ

※**在**も、人や物の存在をいい表すときに使われますが、前に「人・物」がきて、後ろに「場所」が置かれます。**有**との違いを意識してください。

真由美: チャイナドレスはありますか?
ィオウ　チーパァオ　マ
Yǒu　qípáo　ma
有　旗袍　吗?
ある　チャイナドレス　か

劉平: あそこに専門店があります。
ナアル　ィオウ　ヂュアンマァイティエン
Nàr　yǒu　zhuānmàidiàn
那儿　有　专卖店。
あそこ　ある　専門店

一緒に覚えよう 〜衣服〜【単語】

セーター	コート
マァオイー máoyī 毛衣	ターイー dàyī 大衣
ズボン	スカート
クーズ kùzi 裤子	チュインズ qúnzi 裙子
ジーンズ	ワンピース
ニィオウザァイクー niúzǎikù 牛仔裤	リェンイーチュイン liányīqún 连衣裙
パジャマ	Tシャツ
シゥイイー shuìyī 睡衣	ティーシュイ xù T恤

プラスアルファ +α 有には「持っている」の意味もある

有は「いる・ある」のほかに、「持っている」という意味を表すときにも使われます。

例 我 有 汽车。Wǒ yǒu qìchē
（私は自動車を持っています。）

否定文にする場合は**没有**あるいは**没**を使います。

例 我 没有 汽车。Wǒ méiyǒu qìchē
（私は自動車を持っていません。）

なお、**汽车** qìchē は「自動車」という意味で、日本語の「汽車」の意味はありませんので注意しましょう。

13日め

什么 シェンマヲ shénme

英語の what？の表現

何？　どんな？

CD-29

ここでは、英語のwhat？にあたる「何？」「どんな？」のいい方を学びましょう。

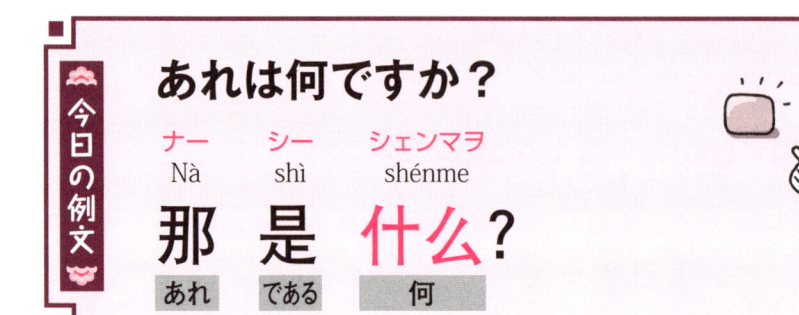

今日の例文

あれは何ですか？

那 (ナー Nà / あれ) 是 (シー shì / である) 什么 (シェンマヲ shénme / 何)？

! 文法のポイント

这 (ヂヲ Zhè / これ)、那 (ナー Nà / あれ) ＋ 是 (シー shì) ＋ 什么 (シェンマヲ shénme / 何) ＋？

「これ（あれ）」が何かを尋ねる場合は、「これ（あれ）は〜です」を意味する这（那）是の後に「何」を意味する什么を置きます。

例 这是什么? Zhè shì shénme（これは何ですか？）

什么は「何を〜しているのですか？」あるいは「どんな〜ですか？」と聞くときにも使えます。什么を使った疑問文では、文末に吗をつけません。

例 你找什么? Nǐ zhǎo shénme（あなたは何を探しているのですか？）

「どんな〜ですか？」と尋ねるときには什么の後に名詞を置きます。

例 这是什么饮料? Zhè shì shénme yǐnliào（これはどんな飲み物ですか？）

使ってみよう！ 言いかえフレーズ

那些 (ナーシィエ Nàxiē / あれら) 是 (シー shì / である) 什么 (シェンマヲ shénme / 何)？（あれらは何ですか？）

> 「これら」は这些 zhèxiē、「あれら」を表す場合には那些 nàxiē を使います。

你 (ニー Nǐ / あなた) 找 (ヂァオ zhǎo / 探す) 什么 (シェンマヲ shénme / どんな) 人 (レェン rén / 人)？（あなたはどんな人を探しているのですか？）

68

シーンで覚える 会話例

店に入るといろいろな雑貨がありました。気になるものがあったら、それが何かを尋ねてみましょう。

第2章 基本の文法と会話 13日め

真由美： あれは何ですか？
ナー シー シェンマヲ
Nà shì shénme
那 是 什么？
あれ である 何

店員： あれはブローチです。
ナー シー ションヂェン
Nà shì xiōngzhēn
那 是 胸针。
あれ である ブローチ

真由美： どんな人が買っていきますか？
シェンマヲ レェン マァイ
Shénme rén mǎi
什么 人 买？
どんな 人 買う

店員： 若い女性です。
ニュイ ハァイズ マァイ
Nǚ háizi mǎi
女 孩子※ 买。
女性 若い人 買う

※**孩子** háizi は一般的には「子ども」という意味ですが、ここでは「若い人」というニュアンスで用いられています。

一緒に覚えよう 〜身につける物〜 単語

ネクタイ	サングラス
リィンタァイ lǐngdài 领带	モォチィン mòjìng 墨镜
ネックレス	イヤリング、ピアス
シァンリェン xiàngliàn 项链	アルフゥアン ěrhuán 耳环
ハンドバッグ	手袋
シォウタァイ shǒudài 手袋	シォウタァオ shǒutào 手套
雨傘	帽子
ユイサァン yǔsǎn 雨伞	マァオズ màozi 帽子

豆知識　中国の化粧品事情

　中国人女性も、やはり日本の女性と同様に、化粧品やブランド品への関心が高いようです。

　化粧品については、肌の性質などが似ていることから、日本のブランドが好まれています。化粧品は**化妆品** huàzhuāngpǐn といいます。ちなみに、中国で最も人気ある日本の化粧品ブランドは**资生堂**（資生堂） Zīshēngtáng です。

　都市部の若い女性たちの間では自然派志向の人も増えており、自分で原材料を選んでつくれる「自家製無添加化粧品セット」も人気を呼んでいます。

14日め

トゥオシァオ
duōshǎo
多少

数量の尋ね方

いくつ？ いくら？

CD-30

ここでは、「いくつ？」「いくら？」と人や物の数量を尋ねるときに使う表現を学びます。

今日の例文

いくらですか？

トゥオシァオ　チェン
Duōshǎo　qián
多少　钱？
いくら　お金

! 文法のポイント

トゥオシァオ
Duōshǎo
多少（いくつ・いくら） ＋ 名詞 ＋ ？

「いくらですか？」と値段を尋ねるときは、**多少钱?**といいます。この**多少**は「いくつ？」「いくら？」という意味で、その後に置かれる名詞の数量を聞きたい場合にも、用いることができます。

例 トゥオシァオ ニェン
多少 年？ Duōshǎo nián（何年（どのくらいの年数）ですか？）　※**年** niánは「年」。

また、「～には何人いますか？」と聞くときは、12日め（→p.66）に学んだ**有**を使って~**有 多少 人？** yǒu duōshǎo rén といいます。

例 トゥシュクゥアン イオウ トゥオシァオ レェン
图书馆 有 多少 人？ Túshūguǎn yǒu duōshǎo rén（図書館には何人いますか？）

なお、日にちや月など少ない数を尋ねるときには**几** jǐを使うこともあります（→17日め、p.76参照）。

使ってみよう！ 言いかえフレーズ

天は tiān、「日、一昼夜」を意味します。

トゥオシァオ　ティエン
Duōshǎo　tiān
多少　天？（何日ですか？）
いくつ　日

ナーリ　イオウ　トゥオシァオ　レェン
Nàli　yǒu　duōshǎo　rén
那里　有　多少　人？（あそこに何人いますか？）
あそこ　いる　いくつ　人

シーンで覚える 会話例

買いたい物が決まりました。店員に値段がいくらなのか聞いてみましょう。

真由美：いくらですか？
トゥオシァオ チェン
Duōshǎo qián
多少 钱？
（いくら / お金）

店員：20元です。
アルシー クゥアイ
Èrshí kuài
20 块。※❶
（20 / 元）

真由美：高いですね！まけてください！
タァイ クゥイ ラ ピェンイー ティアル
Tài guì le Piányi diǎnr
太 贵 了！便宜 点儿！※❷
（とても / 値段が高い / 値引きする / 少し）

店員：10元でどうでしょうか？
シー クゥアイ ゼェンマヲィアン
Shí kuài zěnmeyàng
十 块 怎么样？
（10 / 元 / どうか）

※❶ 元 yuán は話し言葉では 块 kuài といいます（豆知識参照）。
※❷ デパートでは一般的に値引きはしません。ただし、デパートの中でも個人商店の形で販売しているような場合には、値引き交渉ができます。

第2章 基本の文法と会話　14日め

一緒に覚えよう ～通貨～

単語

人民元 レェンミンビー rénmínbì 人民币	日本円 リーユエン rìyuán 日元
香港ドル カァンユエン gǎngyuán 港元	台湾ドル シンタイビー xīn táibì 新台币
ユーロ オウエン ōuyuán 欧元	米ドル メィユエン měiyuán 美元
ポンド インバァン yīngbàng 英镑	オーストラリアドル アォユエン àoyuán 澳元

豆知識　中国の貨幣と物価

中国の貨幣には元 yuán、角 jiǎo、分 fēn があり、1元＝10角＝100分です。現在では、分はほとんど流通していません。話し言葉では元は块 kuài、角は毛 máo といいます。

中国の物価は、年々上昇傾向にありますが、北京では、20～30元程度でご飯とおかず1品の昼食を飲食店でとることができます。

マクドナルドではハンバーガー・ポテト・飲み物のセットで約20元です。

地下鉄の料金は一律で2元、タクシーの初乗り料金は10元です（1元は約13円。2012年現在）。

15日め

个 クヲ ge

数量を数える表現

1個、1杯などのいい方

CD-31

ここでは、1個や1杯、1台などと、物の数を数えるときに用いる量詞について学びましょう。

今日の例文

1つ、2つ、3つ……

一 个, 两 个, 三 个 ……
Yí ge　liǎng ge　sān ge
イー クヲ　リァン クヲ　サァン クヲ
1　個　　2　個　　3　個

⚠ 文法のポイント

数詞 ＋ **量詞（个 ge クヲ など）** ＋ **名詞**

1個、2杯、3冊などの「個」「杯」「冊」を、日本語では助数詞と呼んでいます。この助数詞を、中国語では量詞といいます。量詞の種類は非常に多いので、一つ一つをしっかり正確に覚えることが大切です。

例 一 本 书 yì běn shū （1冊の本）
　　イー ベェン シゥ

　　三 杯 咖啡 sān bēi kāfēi （3杯のコーヒー）
　　サァン ベェイ カーフェイ

日本語と同様に量詞は、どのような物と結びつくかが基本的に決まっています。例えば、**本** běn は書籍や帳簿など、**杯** bēi はコップなどに入った飲み物を数えるときに使われます。なお、「個」にあたる **个** クヲ は、決まった量詞がない名詞を数えるときなど幅広く使えます。

使ってみよう！ 言いかえフレーズ

一 辆 汽车 （1台の自動車）
yí liàng qìchē
イー リァン チーチヲ
1　台　自動車

三 条 鱼 （3匹の魚）
sān tiáo yú
サァン ティアオ ユイ
3　匹　魚

> **辆** liàng は車両を数えるときに、**条** tiáo は細くて長い物を数えるときに使います。

シーンで覚える 会話例

真由美はブローチをいくつか買うことにしました。量詞を使って数えてみましょう。

真由美: 1つ、2つ、3つ……
イー クヲ リャン クヲ サァン クヲ
Yí ge, liǎng ge, sān ge
一个，两个，三个……※❶
1 個 2 個 3 個

劉平: そんなに買うんですか？
ニー マァイ ナーマヲ トゥオ
Nǐ mǎi nàme duō
你买那么※❷多？
あなた 買う そんなに 多い

真由美: 5つしか買いませんよ。
ゥオ チィオウ マァイ ウー クヲ
Wǒ jiù mǎi wǔ ge
我就※❸买五个。
私 だけ 買う 5 個

劉平: 5つだと50元ですね。
ウー クヲ ウーシー クゥアイ
Wǔ ge wǔshí kuài
五个五十块。
5 個 50 元

> ※❶ ブローチを数えるときは个を使います。
> ※❷ 那么 nàme は 多 duō を強調して、「そんなにたくさん」というニュアンスです。
> ※❸ 就 jiù は、「すぐ」「すでに」「まさに」など多くの意味をもつ副詞で、ここでは「だけ」という意味になります。

第2章 基本の文法と会話 15日め

一緒に覚えよう 〜量詞〜 【単語】

碗に入った物 **1杯のご飯** イーゥアン ファン yì wǎn fàn （一）碗（饭）	平面のある物 **2枚の紙** リァン ジャン ジー liǎng zhāng zhǐ （两）张（纸）
取っ手や握りがついている物 **3本の雨傘** サァン バー ュイサン sān bǎ yǔsǎn （三）把（雨伞）	対になっている物 **4足の靴** スー シゥアン シィエ sì shuāng xié （四）双（鞋）
衣服（上着など）や事柄 **5着のセーター** ウー チェン マァオイー wǔ jiàn máoyī （五）件（毛衣）	長い棒状の物 **6本の鉛筆** リィォウ ジー チェンビー liù zhī qiānbǐ （六）枝（铅笔）
動物や対になっている物の一方 **7匹の猫** チー ジー マァオ qī zhī māo （七）只（猫）	瓶に入っている物 **8本の瓶ビール** バー ピィン ピーチィォウ bā píng píjiǔ （八）瓶（啤酒）

＋α 量詞の種類

中国語の文法書などでは、量詞を名量詞と動量詞の2種類に分けて説明していることがあります。

名量詞は、物の数を数えるときに使う量詞で、動量詞は動作の回数を数えるときに使う量詞です。

この分類に従うと、个 ge、杯 bēi などは、名量詞になります。

動量詞の例としては、回 huí や 次 cì などがあります。

例 三次 sān cì（3回）

16日め

ウエイシェンマヲ
wèishénme
为什么

理由の尋ね方

なぜ？

CD-32

ここでは、「なぜ？」と相手の行動などに対して、その理由を尋ねるいい方について学びましょう。

今日の例文

なぜ、チャイナドレスを2着も買ったの？

ウエイシェンマヲ	マァイ	リァン	チェン	チーパァオ
Wèishénme	mǎi	liǎng	jiàn	qípáo
为什么	买	两	件	旗袍?
なぜ	買う	2	着	チャイナドレス

⚠ 文法のポイント

ウエイシェンマヲ Wèishénme 为什么（なぜ） + **平叙文** + **?**

「なぜ〜するのですか？」と相手の行動の理由などを尋ねるときには、「なぜ」を意味する为什么の後に「〜します」に該当する文を続ければよいだけです。

例 为什么不喝酒? Wèishénme bù hē jiǔ（なぜお酒を飲まないのですか？）

理由の尋ね方としては、为什么の代わりに怎么 zěnme を使う表現もあります。

例 怎么戴帽子? Zěnme dài màozi（なぜ帽子をかぶっているのですか？）

为什么と怎么では、後者のほうがくだけたいい方になります。为什么? と尋ねられたときには理由をはっきりと答えなくてはなりませんが、怎么? の場合には必ずしもそうではありません。

使ってみよう！ 言いかえフレーズ

> 打 dǎ は様々な用いられ方をする動詞ですが、この場合には「掲げる」という意味合いで使われています。

ウエイシェンマヲ	マァイ	クゥイ	トヲ
Wèishénme	mǎi	guì	de
为什么	买	贵	的?
なぜ	買う	値段が高い	の

（なぜ高いのを買うのですか？）

ウエイシェンマヲ	ブー	ター	ユイサァン
Wèishénme	bù	dǎ	yǔsǎn
为什么	不	打	雨伞?
なぜ	ない	さす	雨傘

（なぜ傘をささないのですか？）

シーンで覚える 会話例

チャイナドレスを2着も買った真由美に、劉平が理由を尋ねています。

劉平: なぜ、チャイナドレスを2着も買ったの？
ゥエイシェンマヲ マァイ リァン チェン チーパァオ
Wèishénme mǎi liǎng jiàn qípáo
为什么 买 两 件 旗袍？
なぜ　買う　2　着　チャイナドレス

※**给**は「〜に」「〜のために」という意味の前置詞です。

真由美: 姉へのおみやげです。
イー チェン シー ケェイ ゥオ チィエチィエ トヲ リーウー
Yí jiàn shì gěi※ wǒ jiějie de lǐwù
一 件 是 给 我 姐姐 的 礼物。
1　着　である　に　私　姉　の　みやげ

劉平: お姉さんもチャイナドレスが好きなの？
ニー チィエチィエ ィエ シーフゥアン チュアン チーパァオ マ
Nǐ jiějie yě xǐhuan chuān qípáo ma
你 姐姐 也 喜欢 穿 旗袍 吗？
あなた　姉　も　好き　着る　チャイナドレス　か

真由美: ええ、そうなんです。
シーフゥアン
Xǐhuan
喜欢。
好き

一緒に覚えよう 〜中国のおみやげ〜 【単語】

絵はがき	記念切手
ミィンシンピェン	チーニェンィオウピァオ
míngxìnpiàn	jìniàn yóupiào
明信片	纪念邮票

刺繍の入ったハンカチ	扇子
スーシィオウシォウパー	シァンズ
cìxiù shǒupà	shànzi
刺绣手帕	扇子

茶葉	甘栗
チャイエ	タァンチャオリーズ
cháyè	tángchǎo lìzi
茶叶	糖炒栗子

茅台酒（まおたいしゅ）	月餅（げっぺい）
マァオタァイチィオウ	ュエビィン
máotáijiǔ	yuèbing
茅台酒	月饼

豆知識：旧暦8月15日は月餅を贈る日

中国では、旧暦の8月15日を中秋節（**中秋节** Zhōngqiūjié ヂォンチィオウチィエ）と呼び、その日は家族で名月を観賞したり、食事を楽しんだり、そして、月餅を食べることが習慣となっています。中秋節が近づくと街では月餅が売られ始め、友人や親戚などへの贈答品として多くの人が買っていきます。月餅の中身は地域などによって異なり、北方ではナツメや餡（あん）などが、南方では肉や卵などが入っています。

日本のようにいつでも手に入るというわけではないので、本場の月餅を味わうには中秋節の頃に中国を訪れてみるとよいでしょう。

第2章 基本の文法と会話　16日め

17日め

チー
jǐ

几

少ない数の尋ね方

いくつ（何）

CD-33

ここでは、時間など１から10までの少ない数を尋ねるときに使う表現について学びましょう。

今日の例文

今、何時ですか？

シェンザァイ　チー　ティエン
Xiànzài　jǐ　diǎn

现在 几 点?
今　いくつ(何)　時

❗ 文法のポイント

チー
jǐ
几（いくつ（何））＋ 名詞 ＋？

14日め（→p.76）で**多少** duō shǎo を使って数を尋ねるいい方を学びました。ほかに数の聞き方には**几**を使った表現もあります。**多少**と同じように**几**の後に、数を知りたい名詞を置きます。**几**は、時間や曜日を尋ねるときなど、少ない数字（一般的には10以下）が答えとして予想される場合にしか使えません。

例 チー ティエン チー フェン
几 点 几 分? Jǐ diǎn jǐ fēn（何時何分ですか？）

ミィンティエン シー シィンチー チー
明天 是 星期 几? Míngtiān shì xīngqī jǐ（明日は何曜日ですか？）

※几の前に星期を置くのが慣用となっています。

誕生日（**生日** シヲンリー ）も、**几**を使って聞くことができます。

例 ニー トヲ シヲンリー シー チー ユエ チー ハァオ
你 的 生日 是 几 月 几 号? Nǐ de shēngrì shì jǐ yuè jǐ hào（誕生日は何月何日ですか？）

使ってみよう！ 言いかえフレーズ

ミィンティエン　チー　ハァオ
Míngtiān　jǐ　hào

明天 几 号? （明日は何日ですか？）
明日　いくつ(何)　日

チー　スゥイ
Jǐ　suì

几 岁? （何歳？）
いくつ(何)　年

> **几 岁?** は年が10歳以下と思われる子どもに対して使います。大人に年を聞くときは、**多大了?** Duō dà le といいます。

シーンで覚える 会話例

気づいたらおなかがすいていました。もしかしたら昼時かもしれません。今、何時なのか尋ねてみましょう。

劉平：今、何時だろう？
シェンザァイ チー ティエン
Xiànzài jǐ diǎn
现在 几 点？
（今／いくつ(何)／時）

真由美：12時ね。
シェンザァイ シーアル ティエン
Xiànzài shíèr diǎn
现在 十二 点。
（今／12／時）

劉平：おなかがすかない？
ニー ブー ヲー マ
Nǐ bú è ma
你 不 饿 吗？
（あなた／ない／おなかがすく／か）

真由美：少しすいたわ、何か食べましょう。
ィオウティアル ヲー チー ティアル シェンマヲ バ
Yǒudiǎnr è chī diǎnr shénme ba
有点儿※❶ 饿，吃 点儿 什么※❷ 吧。
（少し／おなかがすく／食べる／少し／何か／しよう）

> ※❶ 有点儿は「少し」という意味で使われています。
> ※❷ この什么は「何か」と不確定のものを表しています。疑問文で使われる場合の「どんな」とは意味合いが異なります。なお、什么の前の点儿は語気をやわらげる働きをしています。

一緒に覚えよう ～時・季節の言葉～ 【単語】

時間	四季
シーチェン shíjiān 时间	スーチー sìjì 四季
春 チゥンティエン chūntiān 春天	夏 シィアティエン xiàtiān 夏天
秋 チィオウティエン qiūtiān 秋天	冬 トンティエン dōngtiān 冬天
カレンダー リーリー rìlì 日历	四半期 イーチートゥー yí jìdù 一季度

＋α 有点儿と一点儿

有点儿 yǒudiǎnr と同じく「少し」という意味をもつ言葉に一点儿 yìdiǎnr があります。一点儿は、一を省略して点儿ということもでき、日常会話では一を省略するのが一般的です。

話し手にとって望ましくない場合や、不本意な場合には有点儿を使い、それ以外では一点儿が使われます。

また、有点儿は修飾する語の前、一点儿は修飾する語の後ろに置きます。

例 有点儿 贵。Yǒudiǎnr guì（少し高い。）
便宜 一点儿。Piányi yìdiǎnr（少し安い。）

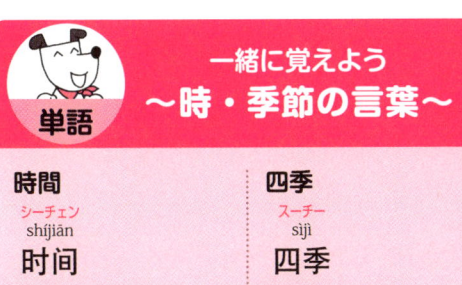

18日め

ナアル
nǎr
哪儿

場所の尋ね方 | どこ？

CD-34

ここでは、「どこ？」と住んでいる場所や建物などを尋ねるときに使う表現を学びます。

今日の例文

食堂はどこですか？

ツァンティン　ザイ　ナアル
Cāntīng　zài　nǎr
餐厅　在　哪儿？
食堂　ある　どこ

⚠ 文法のポイント

| 尋ねる場所 | ＋ | ザイ zài 在（ある） | ＋ | ナアル nǎr 哪儿（どこ） | ＋？ |

場所を尋ねるときには、「どこ」を意味する哪儿を使います。尋ねる場所と在を哪儿の前に置けば、「～はどこですか？」「～はどこにありますか？」と聞くことができます。

例 ツォスゥオ ザイ ナアル
厕所 在 哪儿? Cèsuǒ zài nǎr （トイレはどこですか？）

ほかにも哪儿を使って、以下のように「どこに行くのか？」「どこで～するのか？」などを質問することができます。

例 ニー チュイ ナアル
你 去 哪儿? Nǐ qù nǎr （あなたはどこに行くのですか？）

ザイ ナアル マァイ
在 哪儿 买? zài nǎr mǎi （どこで買うのですか？）

※この在は「～で」という意味の前置詞（p.65、プラスアルファー参照）。

使ってみよう！ 言いかえフレーズ

インハァン　ザイ　ナアル
Yínháng　zài　nǎr
银行　在　哪儿？ （銀行はどこですか？）
銀行　ある　どこ

ティーティエヂャン　ザイ　ナアル
Dìtiězhàn　zài　nǎr
地铁站　在　哪儿？ （地下鉄の駅はどこですか？）
地下鉄　ある　どこ

> 哪儿の代わりに哪里 nǎli という言葉も使えますが、会話では哪儿が一般的です。

シーンで覚える 会話例

2人はデパートの中で食事をすることにしました。食堂のある場所を尋ねてみましょう。

真由美: 食堂はどこですか？
ツァンティン　ザァイ　ナアル
Cāntīng　zài　nǎr
餐厅　在　哪儿？
（食堂／ある／どこ）

劉平: 上の階だね。
ザァイ　ロォウシァン
Zài　lóushàng
在　楼上。
（ある／階上）

真由美: 私は中華が好きなんです。
ウォ　シーフゥアン　チー　ヂォンクゥオツァイ
Wǒ　xǐhuan　chī　Zhōngguócài
我　喜欢　吃　中国菜。
（私／好き／食べる／中国料理）

劉平: じゃ、中華にしましょう！
ナー　チィオウ　チー　ヂォンクゥオツァイ　バ
Nà　jiù　chī　Zhōngguócài　ba
那　就　吃　中国菜　吧！
（それなら／食べる／中国料理／しよう）

※この那と就は一体となって「それならそうしましょう」というニュアンスです。

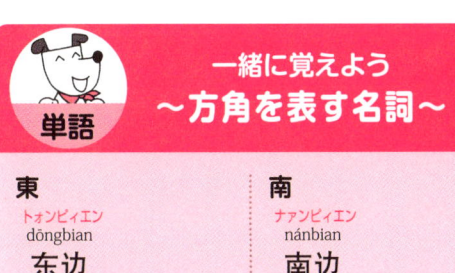

第2章 基本の文法と会話　18日め

一緒に覚えよう 〜方角を表す名詞〜 【単語】

東	南
トォンビィエン dōngbian 东边	ナァンビィエン nánbian 南边

西	北
シービィエン xībian 西边	ベェイビィエン běibian 北边

東南	東北
トォンナァン dōngnán 东南	トォンベェイ dōngběi 东北

西南	西北
シーナァン xīnán 西南	シーベェイ xīběi 西北

豆知識　中国のレストラン

餐厅 cāntīng はもともとホテルや会社内の食堂を指していましたが、今では広くレストランを指す言葉として使われています。また飯館 fànguǎn といういい方もあり、一般に街中のレストランを意味します。レストランの名前には、酒楼 jiǔlóu、食府 shífǔ、酒家 jiǔjiā などがよく使われています。特に前の2つは、高級レストランの看板などで多く目にします。

ちなみに北京では、无名居 Wúmíng jū が超高級レストランとして有名で、国賓級の料理を味わうことができます（値段もそれにふさわしい額ですが……）。

19日め

了 le

動作の完成、実現を表す表現

～した、～をし終えた

ここでは、「～した」「～をし終えた」など動作が完成、実現したことを表すいい方について学びましょう。

今日の例文

着きましたね。

到 了。
Dào le
到着する　た

文法のポイント

動詞（形容詞） ＋ 了 le

了は、動詞（一部の形容詞）の後について、ある動作が完成、実現したことを表す助詞です。10日め（→p.58）で学習した了は、感嘆などのニュアンスを表すために文末につける語気助詞でした。動作の完成、実現を表す了とは文法上の役割が異なります。

例　来了。Lái le（来ました。）
　　喝了一杯咖啡。Hē le yì bēi kāfēi（コーヒーを1杯飲みました。）

了を使った文を否定文にする場合は、不 bù ではなく了をとって没 méi（没有 méiyǒu）を動詞の前に置きます。

例　没到。Méi dào（着いていません。）

使ってみよう！ 言いかえフレーズ

走 了。（行きました。）
Zǒu le
行く　た

没 回来。（戻ってきてません。）
Méi huílái
ない　戻ってくる

否定文では了がありません。つまり、完了していないということになります。

シーンで覚える 会話例

食堂にやってきた真由美と劉平。
到着したら、「着いた」と言ってみましょう。

真由美：着きましたね。
タァオ ラ
Dào le
到 了。
到着する／た

劉平：中に入りましょう！
チンチュイ パ
Jìnqù ba
进去 吧！※❶
入る／しよう

真由美：何を食べましょうか？
チー シェンマヲ ナ
Chī shénme ne
吃 什么 呢？※❷
食べる／何／か

劉平：四川料理を食べましょう。
チー スーチゥアンツァイ パ
Chī Sìchuāncài ba
吃 四川菜 吧。※❶
食べる／四川料理／しよう

> ※❶ 文末に語気助詞 吧（→9日め参照）を置くと、やさしい親しみのある表現になります。
> ※❷ 呢は様々な役割をもつ助詞ですが、ここでは 吗 ma と同じように疑問を表しています。

第2章 基本の文法と会話　19日め

一緒に覚えよう ～料理名～ 【単語】

西洋料理	日本料理
シーツァン xīcān	リーベンツァイ Rìběncài
西餐	日本菜

タイ料理	広東料理
タァイクゥオツァイ Tàiguócài	クゥアントォンツァイ Guǎngdōngcài
泰国菜	广东菜

山東料理	中国東北料理
シァントォンツァイ Shāndōngcài	トォンベイツァイ Dōngběicài
山东菜	东北菜

湖南料理	湖北料理
フーナンツァイ Húnáncài	フーベイツァイ Húběicài
湖南菜	湖北菜

豆知識　お勧めは大学の食堂

　中国の大学の食堂は、多くの場合、一般の人でも気軽に入れるようなつくりになっています。値段は街の食堂よりも安く、8元程度でご飯とおかずが食べられます。日本の大学食堂のように、昼時ともなると長い列がずっと続くようなことはほとんどありません。

　また、食材にも比較的気を使っているので、「街中の食堂で食べるのは少し心配」という人にもお勧めです。

　食堂に限らず、大学は広く開放されているので、キャンパス内をのんびりと散策してみるのも楽しいでしょう。

20日め

チィン
qǐng
请

依頼をするときの表現

〜してください

CD-36

「〜してください」と頼みごとをするときには、英語のpleaseに似たいい方があります。

今日の例文

こちらにお座りください。

チィン　ズゥオ　ヂヲピィエン
Qǐng　zuò　zhèbiān
请　坐　这边。
どうぞ　座る　こちら

⚠ 文法のポイント

チィン
qǐng
请 ＋ 動詞

「〜してください」と相手にお願いをするときは、動詞の前に请を置きます（なお请も動詞です）。

例　チィン フヲ チァ
请 喝 茶。Qǐng hē chá（お茶をお飲みください。）
チィン シィアチヲ　　　　　　　　　　　　シィアチヲ
请 下车。Qǐng xià chē（車をお降りください。）※下车は「車を降りる」。

请の次にくる動詞が1字の場合は、通常、「ちょっと〜する」という意味の一下 yíxià を後ろにつけます。

例　チィン トヲン イーシィア
请 等 一下。Qǐng děng yíxià（ちょっとお待ちください。）

ちなみに、何か尋ねるときは请问 Qǐngwèn「すみませんが…」といういい方をします。

使ってみよう！ 言いかえフレーズ

チィン　ヂゥイー
Qǐng　zhùyì
请 注意。（注意してください。）
どうぞ　注意する

「注意してください。」は
チィン シァオシン
请 小心。Qǐng xiǎoxīn ともいいます。

チィン　カァン　イーシィア
Qǐng　kàn　yíxià
请 看 一下。（ちょっと見てください。）
どうぞ　見る　ちょっと

シーンで覚える 会話例

食堂に入りました。店員になったつもりで、「こちらにお座りください」と言ってみましょう。

店員: いらっしゃいませ！
フゥアンイン クゥアンリン
Huānyíng guānglín
欢迎 光临！ ※❶
（いらっしゃいませ）

劉平: 2人なんだけど。
リァン クヲ レェン
Liǎng ge rén
两 个 人。
（2 個 人）

店員: こちらにお座りください。
チィン ズゥオ ヂヲピィエン
Qǐng zuò zhèbiān
请 坐 这边。 ※❷
（どうぞ 座る こちら）

劉平: ありがとう。
シィエシィエ
Xièxie
谢谢。
（ありがとう）

※❶ 欢迎光临（フゥアンインクゥアンリン）は店員が客を迎えるときの決まり文句です。
※❷「こちら」に対して「あちら」は**那边** nàbiān といいます。

第2章 基本の文法と会話　20日め

入れ替えて使える！ ～「请+動詞+一下」で使う動詞～

（ボタンなどを）押す	伝える
エン　èn　摁	カオスゥ　gàosu　告诉
（ドアなどを）押す	引く
トゥイ　tuī　推	ラー　lā　拉
洗う	片付ける
シー　xǐ　洗	シォウシ　shōushi　收拾
拭く	数える
ツァー　cā　擦	シュ　shǔ　数

豆知識　中国の接客サービス

　一昔前の中国には、そもそも接客サービスの意識がなかったので、店員の態度に不満を感じることが多々ありました。しかし、もはやそれは過去の話。接客態度に限らず、多くのレストランでは、ポイントシステムの導入や誕生日の無料ケーキ提供など日本並みのサービスがごく当たり前のように導入されています。

　不景気の日本では、経費削減から従業員を減らす傾向にありますが、北京ではどの店も従業員が多く、注文をはじめ何かあればすぐに飛んできて対応してくれ、店員の態度での不満からストレスを感じるようなことはなくなりました。

練習問題②（11日め〜20日め）

1 次の日本語に合うように、（　）内の中国語を正しい語順に並べ替えましょう。

1 彼は病院にいます。
（①医院　②他　③在）。

2 ここに郵便局があります。
（①有　②这儿　③邮局）。

3 これは何ですか？
（①什么　②是　③这）？

4 今、何時ですか？
（①几　②现在　③点）？

2 次の（　）に入る最も適切な単語を、下の①〜④の中から１つずつ選びましょう。

1 你 去（　）？　　　　（あなたはどこに行くのですか？）

2 （　）等 一下。　　　（ちょっとお待ちください。）

3 （　）不 喝 酒？　　　（なぜお酒を飲まないのですか？）

4 五（　）毛衣　　　　　（5着のセーター）

①件　②请　③哪儿　④为什么

解答と解説

1

1 正解：②③①　（他 在 医院）。
→P.64
在を使って「～は～にいる・ある」といい表す場合、「～は」にあたる言葉は在の前に置かれます。在は動詞だけでなく副詞や前置詞としても使われるので要注意な単語です。

2 正解：②①③　（这儿 有 邮局）。
→P.66
有を使って「～に～がいる・ある」といい表す場合、「～に」にあたる言葉は有の前に置かれます。同様の意味を、在を使って表す場合との違いを意識しましょう。

3 正解：③②①　（这 是 什么）？
→P.68
「これは何ですか？」と尋ねる場合、「何？」を意味する什么は文末に置かれます。なお、「あれは何ですか？」と尋ねる場合には、那 是 什么？といいます。

4 正解：②①③　（现在 几 点）？
→P.76
「今、何時ですか？」と尋ねるときの決まり文句です。几は「いくつ」という意味で、時間など少ない数を尋ねるときに使います。几の後には、数を知りたい名詞が置かれます。

2

1 正解：③　你 去（哪儿）？
→P.78
「どこ？」と尋ねるときには、「哪儿」を使います。なお、哪儿は字面は似ていますが「あそこ、そこ」という意味なので、間違えないよう気をつけてください。

2 正解：②　（请）等 一下。
→P.82
「～してください」と頼みごとをする場合には、请を動詞の前に置きます。このように、请の後ろにくるのが1字の動詞で、目的語もない場合には、「ちょっと」を意味する一下を置くのが一般的です。

3 正解：④　（为什么）不 喝 酒？
→P.74
「なぜ～するのですか（しないのですか）？」と理由を尋ねる場合には、为什么または怎么を使います。怎么のほうがよりくだけたいい方になります。

4 正解：①　五（件）毛衣
→P.72
数詞と名詞の間には、通常、量詞が入ります。量詞は結びつく名詞によって変わります。件は、上着などの衣服や事柄などの数を示すときに使われます。

第2章　基本の文法と会話

85

まとめ会話② (11日め〜20日め)

　中国の街を親善パーティーで知り合った友人と歩いています。街について知っていることを教えたり、通り沿いのお店で商品の値段を尋ねたりして、中国語で受け答えをしてみましょう。下線部に適切な語を入れて練習してみましょう。

1 「○○は△△にあります」と教えてみましょう。

_____ 在（ザァイ）_____。____ zài ____

2 「○○に△△がいます」と教えてみましょう。

_____ 有（イオウ）_____。____ yǒu ____

3 「これ（あれ）は何ですか？」と尋ねてみましょう。

这（那）是 什么？（ヂヲ ナー シー シェンマヲ） Zhè (Nà) shì shénme

4 「いくらですか？」と値段を聞いてみましょう。

多少 钱？（トゥオシァオ チェン） Duōshǎo qián

5 「なぜ〜するのですか？」と相手の行動の理由を尋ねてみましょう。

为什么（ゥエイシェンマヲ）_____？ Wèishénme ____

勉強が進んできましたね。

6 今の時間を尋ねてみましょう。

現在 几 点? Xiànzài jǐ diǎn
（シェンザァイ チー ティエン）

7 「～はどこにありますか？」と場所を尋ねてみましょう。

_____ 在 哪儿? _____ zài nǎr
（ザァイ ナアル）

8 目的地に到着したときに、「着きましたね」という気持ちを表してみましょう。

到 了。Dào le
（タァオ ラ）

9 「～してください」と頼みごとをしてみましょう。

请_____。Qǐng _____
（チィン）

21日め

注文をするときの表現

ィアオ
yào
要
ほしい

CD-37

ここでは、要ィアオ「ほしい」を使って「～をください」と注文するときのいい方を学びましょう。

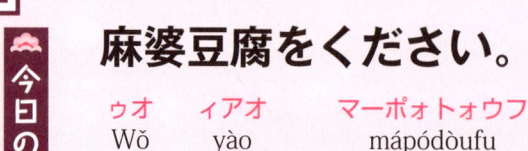

今日の例文

麻婆豆腐をください。

ウオ　ィアオ　マーポォトォウフ
Wǒ　yào　mápódòufu

我 要 麻婆豆腐。
　私　ほしい　　麻婆豆腐

❗ 文法のポイント

| ウオ
Wǒ
我（私） | ＋ | ィアオ
yào
要（ほしい） | ＋ | **目的語** |

レストランで注文したり、お店で「～をください」と意思表示するときには、「～がほしい」「～を求める」という意味をもつ動詞の**要**ィアオを使います。

例　ウオ ィアオ タートヲ
　　我 要 大的。Wǒ yào dà de（大きいのをください。）

要ィアオは、下の例のように助動詞として「～をしたい」「～しそうだ」という意味でも使われます。

例　ウオ ィアオ チュイ シャンハァイ
　　我 要 去 上海。Wǒ yào qù Shànghǎi（上海に行きたい。）
　　ウオ ィアオ フヲ チァ
　　我 要 喝 茶。Wǒ yào hē chá（お茶が飲みたい。）
　　ィアオ シィア ュイ ラ
　　要 下 雨 了……。Yào xià yǔ le（雨が降りそうだ……。）

使ってみよう！ 言いかえフレーズ

ウオ　ィアオ　ヂヲクヲ
Wǒ　yào　zhège

我 要 这个。（これをください。）
　私　ほしい　これ

> 「あれをください」という場合には、**这个** zhègeを**那个** nàge「あれ」に置き換えます。

ウオ　ィアオ　カーフェィ
Wǒ　yào　kāfēi

我 要 咖啡。（コーヒーをください。）
　私　ほしい　コーヒー

シーンで覚える 会話例

メニューを見て注文する料理が決まりました。食べたいものを頼んでみましょう。

第2章 基本の文法と会話 21日め

劉平：店員さん、料理を注文します。
フーウーュエン　ティエン　ツァイ
Fúwùyuán, diǎn cài
服务员，点 菜。
（店員／注文する／料理）

店員：はい、ご注文は何でしょうか？
ハァオトヲ　ニン　ティエン　シェンマヲ　ツァイ
Hǎode, nín diǎn shénme cài?
好的※❶，您※❷ 点 什么 菜？
（わかりました／あなた／注文する／どんな／料理）

劉平：麻婆豆腐をください。
ウオ　イアオ　マーポォトォウフ
Wǒ yào mápódòufu.
我 要 麻婆豆腐。
（私／ほしい／麻婆豆腐）

店員：わかりました、少々お待ちください。
ハァオトヲ　チィン　トヲン　イーシィア
Hǎode, qǐng děng yíxià.
好的，请 等 一下。
（わかりました／どうぞ／待つ／ちょっと）

※❶ 好的は「わかりました」「承知しました」と伝えるときの決まり文句。
※❷ 您nínは你nǐ「あなた」の丁寧ないい方です。

単語　入れ替えて使える！〜中国料理名〜

北京ダック
ベイチンカァオィアー
běijīngkǎoyā
北京烤鸭

小籠包
シァオロォンパァオ
xiǎolóngbāo
小笼包

シュウマイ
シァオマィ
shāomài
烧麦

春巻
チゥンチュアル
chūnjuǎnr
春卷儿

ちまき
ゾォンズ
zòngzi
粽子

チャーハン
チァオファン
chǎofàn
炒饭

刀削麺（とうしょうめん）
タァオシァオミェン
dāoxiāomiàn
刀削面

チンジャオロースー
チィンチアオロォウスー
qīngjiāo ròusī
青椒肉丝

＋α 呼びかけの敬称

中国語で人を呼ぶときによく使われる敬称「〜さん」には、以下のようなものがあります。いずれも前に名字を置きます。

シェンシラン
先生 xiānsheng （男性に対して）
ニュイシー
女士 nǚshì （婦人に対して）
シァオチィエ
小姐 xiǎojiě （若い女性に対して）
ゾォン
总 zǒng （社長を呼ぶとき）
ラァオシー
老师 lǎoshī （教師を呼ぶとき）

また、年配者に対する敬称としては老lǎoを、同年配や年下の人などに親しみを込めて呼ぶ場合には小xiǎoを使います。これらは、名字を後に置きます。

22日め

フヲ
hé
和

複数の語句を並べるときの表現
～と～

ここでは、接続詞の和を使って、「～と～」という英語のandにあたるいい方を学びましょう。

CD-38

今日の例文

ビールと白酒があります。

ィオウ	ピーチィオウ	フヲ	パァイチィオウ
Yǒu	píjiǔ	hé	báijiǔ
有	啤酒	**和**	白酒。
ある	ビール	と	白酒

⚠ 文法のポイント

語句 ＋ **和**（と）[hé] ＋ **語句**

「～と～」のように複数の語句を並べるときは、接続詞の和を使います。日本語の「と」の部分に和を置きます。

例
シォウビァオ フヲ シォウチー
手表 和 手机 shǒubiǎo hé shǒujī （腕時計と携帯電話）
ウーファン フヲ ゥアンファン
午饭 和 晚饭 wǔfàn hé wǎnfàn （昼食と夕食）

3つの語をつなぐ場合は、「○、○和○」というように最後の語の前に置きます。

例
ベイチィン ティエンチィン フヲ シャンハイ
北京、天津 和 上海 Běijīng Tiānjīn hé Shànghǎi （北京、天津と上海）

なお、和は「～と」の形で、前置詞として使われることもあります。

例
フヲ ポヲンィオウ チュイ リュイィオウ
和 朋友 去 旅游。Hé péngyou qù lǚyóu （友人と旅行に行きます。）

使ってみよう！ 言いかえフレーズ

ピィングゥオ	フヲ	チュイズ	
píngguǒ	hé	júzi	
苹果	和	桔子	（リンゴとミカン）
りんご	と	ミカン	

ィエン	チィオウ	フヲ	フゥアヂゥアンピン	
yān	jiǔ	hé	huàzhuāngpǐn	
烟、	酒	和	化妆品	（タバコと酒と化粧品）
タバコ	酒	と	化粧品	

> タバコ、酒、化粧品はすべて免税品です。なお、名詞などを列挙するときに使う「点」を中国語では**顿号** dùnhào といいます。

90

シーンで覚える 会話例

料理を追加で注文することにしました。複数の料理名をあげるいい方を覚えましょう。

劉平：何か追加しますか？
Hái diǎn cài ma
还※ 点 菜 吗？
さらに 注文する 料理 か

※ 还は「さらに」という範囲の拡大や追加を表す副詞です。

真由美：私は餃子と担担麺にします。
Wǒ yào jiǎozi hé dàndànmiàn
我 要 饺子 和 担担面。
私 ほしい 餃子 と 担々麺

劉平：お酒はいりますか？ ビールと白酒があります。
Yào jiǔ ma Yǒu píjiǔ hé báijiǔ
要 酒 吗？ 有 啤酒 和 白酒。
ほしい 酒 か ある ビール と 白酒

真由美：ビールにしましょう。
Yào píjiǔ ba
要 啤酒 吧。
ほしい ビール しよう

入れ替えて使える！〜食べ物〜 【単語】

ご飯 ミーファン mǐfàn 米饭	**麺類** ミェンティアオ miàntiáo 面条
パン ミェンパァオ miànbāo 面包	**スープ** タァン tāng 汤
肉 ロォウ ròu 肉	**魚** ユイ yú 鱼
野菜 シゥツァイ shūcài 蔬菜	**果物** シゥイクゥオ shuǐguǒ 水果

豆知識：中国の魚料理

中国では大連や青島、上海などの沿海部に住む人を除けば、海の魚はポピュラーな食べ物ではありません。そのため魚料理と聞けば川魚をイメージする人のほうが多いでしょう。鯉（鲤鱼 lǐyú）や草魚（草鱼 cǎoyú）は、蒸したり、揚げたり、醤油で煮たりする調理法が一般的。海の魚では、太刀魚（带鱼 dàiyú）が最もなじみがあり、よく煮つけにされます。

ホテルやオフィス街などにある日本料理店では刺身（生鱼片 shēngyúpiàn）が提供されていますが、その味を楽しんでいるのはまだまだ一部の人たちだけです。

第2章 基本の文法と会話　22日め

23日め 还是 háishi （それとも）

選ばせるときの表現

CD-39

ここでは、还是「それとも」を使って、相手に選んでもらうときのいい方を学びます。

今日の例文

ウーロン茶、それともジャスミン茶？

乌龙茶，还是 茉莉花茶？
Wūlóngchá, háishi mòlìhuāchá?
（ウーロン茶／それとも／ジャスミン茶）

⚠ 文法のポイント

語句 ＋ 还是 háishi（それとも） ＋ 語句

相手に複数のものを示して「～それとも～、どちらにしますか？」と選んでもらうときに使うのが、「それとも」を意味する接続詞の**还是**です。**还是**の前と後ろに、選んでもらうものを並べます。

例 米饭 还是 面包？ Mǐfàn háishi miànbāo（ご飯それともパン？）

还是は下の例のように、疑問文以外でも使えます。

例 看 京剧，还是 看 杂技，你们 决定 一下。Kàn jīngjù háishi kàn zájì nǐmen juédìng yíxià
（京劇を見るか、雑技を見るか、あなたたちで決めてください。）

なお、还是は、「やはり」という副詞としてもよく使われます。

例 还是 北京 冷。Háishi Běijīng lěng （やはり北京は寒いです。）

使ってみよう！ 言いかえフレーズ

麦当劳 还是 肯德基？
Màidāngláo háishi Kěndéjī
（マクドナルド／それとも／ケンタッキー）
（マクドナルドそれともケンタッキー？）

> マクドナルド、ケンタッキーは中国で最もポピュラーなファストフード店です。

包子 还是 油条？
Bāozi háishi yóutiáo
（肉まん／それとも／揚げパン）
（肉まんそれとも揚げパン？）

シーンで覚える 会話例

食事を終えてお茶を頼むことにしました。いろいろな種類があるなかで、どのお茶を飲みたいのか聞いてみましょう。

真由美: ああ、おいしかった！
ヘェン ハァオチー
Hěn hǎochī
很 好吃！※
とても おいしい

※「おいしい」は、食べ物の場合は**好吃** hǎochī、飲み物の場合は**好喝** hǎohē といいます。

劉平: おなかいっぱいだ！
チーパァオ ラ
Chībǎo le
吃饱 了！
満腹する た

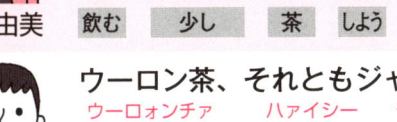

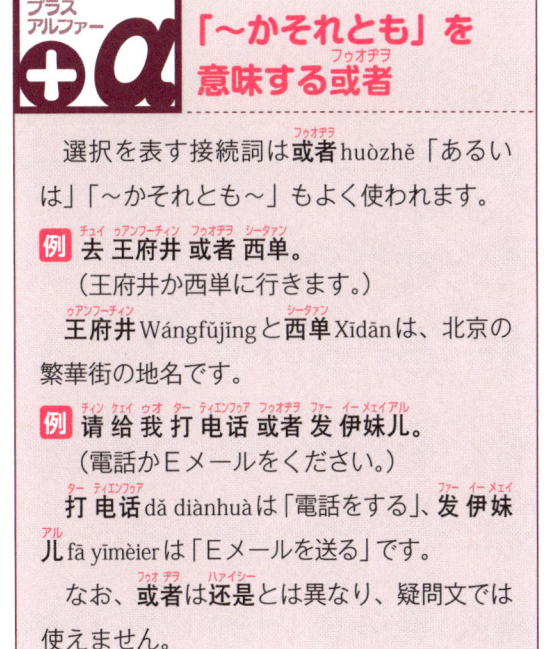

真由美: お茶をもらいましょう。
フヲ ティアル チャ パ
Hē diǎnr chá ba
喝 点儿 茶 吧。
飲む 少し 茶 しよう

劉平: ウーロン茶、それともジャスミン茶にする？
ウーロォンチァ ハァイシー モォリーフゥアチァ
Wūlóngchá háishi mòlihuāchá
乌龙茶，还是 茉莉花茶？
ウーロン茶 それとも ジャスミン茶

単語 入れ替えて使える！〜飲み物〜

ミネラルウォーター クゥアンチュエンシゥイ kuàngquánshuǐ 矿泉水	アイスティー ピィンホンチァ bīnghóngchá 冰红茶
プーアル茶 プーアルチァ pǔ'ěrchá 普洱茶	菊花茶 チュイフゥアチァ júhuāchá 菊花茶
紹興酒 シァオシィンチィオウ shàoxīngjiǔ 绍兴酒	青島ビール チィンタァオピーチィオウ qīngdǎo píjiǔ 青岛啤酒
ヨーグルト (液体と固体両方に使う) スゥアンナァイ suānnǎi 酸奶	ココナッツミルク イエヂァール yēzhīr 椰汁儿

＋α プラスアルファー 「〜かそれとも」を意味する或者

選択を表す接続詞は**或者** huòzhě「あるいは」「〜かそれとも〜」もよく使われます。

例 去 王府井 或者 西单。
チュイ ゥアンフーチィン フゥオヂラ シータァン
（王府井か西单に行きます。）

王府井 Wángfǔjīng と**西单** Xīdān は、北京の繁華街の地名です。

例 请 给 我 打 电话 或者 发 伊妹儿。
チィン ケェイ ウオ ター ティエンフゥア フゥオヂラ ファー イーメイアル
（電話かEメールをください。）

打 电话 dǎ diànhuà は「電話をする」、**发 伊妹儿** fā yīmèier は「Eメールを送る」です。

なお、**或者**は**还是**とは異なり、疑問文では使えません。

24日め

怎么 zěnme ゼェンマヲ
どのように

手段・方法を尋ねる表現

CD-40

ここでは、手段や方法がわからない場合に、「どのように〜するのですか？」と質問する表現を学びましょう。

今日の例文

会計はどうやってするのですか？

怎么 买单？
Zěnme mǎidān
ゼェンマヲ マァイタァン
どのように 勘定する

❗ 文法のポイント

怎么（どのように） Zěnme ゼェンマヲ ＋ 動詞（目的語） ＋ ？

「どのように〜するのですか？」と手段や方法を尋ねるときには、「どのように」を意味する怎么を動詞の前に置きます。

例 **怎么 换钱？** Zěnme huànqián ゼェンマヲ フゥアンチェン（どうやって両替するのですか？）

怎么を使ったいい方では、「どうやって〜に行くのですか？」「どうやって〜に戻るのですか？」を覚えておくと便利です。それぞれ**怎么 去〜？** Zěnme qù ゼェンマヲ チュイ、**怎么 回〜？** Zěnme huí ゼェンマヲ フゥイの形で「〜」に行きたい場所、戻りたい場所を入れます。

例 **怎么 去 机场？** Zěnme qù jīchǎng ゼェンマヲ チュイ チーチァン（どうやって空港に行くのですか？）
怎么 回 饭店？ Zěnme huí fàndiàn ゼェンマヲ フゥイ ファンティエン（どうやってホテルに戻るのですか？）

使ってみよう！ 言いかえフレーズ

> 寄信 jì xìn チー シン は「手紙を出す」というときの決まり文句です。

怎么 寄 信？ Zěnme jì xìn ゼェンマヲ チー シン（どうやって手紙を出すのですか？）
どのように 郵送する 手紙

怎么 联系？ Zěnme liánxì ゼェンマヲ リェンシー（どのように連絡するのですか？）
どのように 連絡する

94

シーンで覚える 会話例

食事を終えました。会計はどうするのか、尋ねてみましょう。

真由美：会計はどうやってするのですか？
ゼェンマヲ　マァイタァン
Zěnme mǎidān
怎么 买单？ ※❶
どのように　勘定する

劉平：店員を呼んできて……。
チァオ　　フーウーユエン　ラァイ
Jiào fúwùyuán lái
叫 ※❷ 服务员 来……。
呼ぶ　　店員　　　来る

真由美：現金で払うのですか？
フー　シェンチン　マ
Fù xiànjīn ma
付 现金 吗？
払う　現金　　か

劉平：私がカードで払いますよ。
ウオ　シュアカー
Wǒ shuākǎ
我 刷卡。 ※❸
私　カードで払う

※❶「勘定する」は**买单**mǎidānのほかに**结帐**jiézhàngともいいます。
※❷ この**叫**は「呼ぶ」という意味です。
※❸ 中国では、基本的に割り勘にはしません。誰か1人が、すべての料金を払います。

単語　一緒に覚えよう　〜レストランのテーブルにあるもの〜

メニュー	箸
ツァイタァン càidān 菜单	クゥアイズ kuàizi 筷子

スプーン	酢
シァオズ sháozi 勺子	ツー cù 醋

灰皿	大きな皿
イエンフゥイガァン yānhuīgāng 烟灰缸	パァンズ pánzi 盘子

爪楊枝	小皿
イアーチアール yáqiānr 牙签儿	ティエズ diézi 碟子

豆知識　クレジットカードと電子マネー

中国のクレジットカード（**信用卡** xìnyòngkǎ）は、銀聯カード（**银联卡** yínliánkǎ）が広く使われています。最近は日本でも、中国人観光客がよく訪れる場所では、「銀聯カードOK」という表示を店先で見ることが多くなりました。

また、Suicaのような電子マネーも都市部では普及しています。例えば、北京では**一卡通** yìkǎtōngというチャージ式のICカードが導入されており、地下鉄やバスなどの交通機関のほかに、スーパーやコンビニエンスストアなどでの買い物にも利用されています。公衆電話にも使えるので、大変便利です。

25日め

シェンマヲシーホゥ
shénme shíhòu
什么时候 — いつ

時を尋ねる表現　CD-41

ここでは、「いつ～ですか？」と尋ねるときの、什么时候を使った疑問文を学びましょう。

今日の例文

日本にはいつ帰るのですか？

ニー	シェンマヲシーホゥ	フゥイ	リーペェン
Nǐ	shénme shíhòu	huí	Rìběn
你	什么时候	回	日本?
あなた	いつ	戻る	日本

⚠ 文法のポイント

シェンマヲシーホゥ
shénme shíhòu
什么时候（いつ） ＋ 動詞（目的語） ＋ ？

　将来の予定や計画などを知りたいときは、「いつ」という意味をもつ**什么时候**を使います。動詞の前に**什么时候**を置けばよいだけです。**时候**はある特定の時刻、時を意味する名詞です。

例
シェンマヲシーホゥ クゥアンメェン
什么时候 关门? Shénme shíhòu guānmén（いつ閉店するのですか？）
シェンマヲシーホゥ チーフヲ
什么时候 集合? Shénme shíhòu jíhé（いつ集合するのですか？）

　中国語では時間を表す語句（八点）は、動詞の前に置くのが決まりです（時間については、p.29参照）。

例
ウオメェン バー ティェン チーフヲ
我们 八 点 集合。 Wǒmen bā diǎn jíhé（私たちは8時に集合します。）

使ってみよう！ 言いかえフレーズ

シェンマヲシーホゥ　カァイメェン
Shénme shíhòu　kāimén
什么时候 开门?（いつ開店するのですか？）
　いつ　　オープンする

シェンマヲシーホゥ　チゥファー
Shénme shíhòu　chūfā
什么时候 出发?（いつ出発するのですか？）
　いつ　　出発する

> カァイメェン　　　　　　　　　　　クゥアンメェン
> **开门** kāiménは「門を開ける」、**关门** guānménは「門を閉める」という意味でも使います。

シーンで覚える 会話例

真由美は中国にいつまでいるのでしょうか。
日本に帰るときを聞いてみましょう。

劉平: 日本にはいつ帰るのですか？
ニー　シェンマヲシーホォウ　フゥイ　リーペェン
Nǐ　shénme shíhòu　huí　Rìběn
你　什么时候　回　日本？
あなた　いつ　戻る　日本

真由美: 春に帰ります。
ゥオ　チュンティエン　フゥイ　リーペェン
Wǒ　chūntiān　huí　Rìběn
我　春天　回　日本。
私　春　戻る　日本

劉平: もうすぐですね。
チュンティエン　ヘン　クゥアイ　チィオウ　タァオ　ラ
Chūntiān　hěn　kuài　jiù　dào　le ※❶
春天　很　快　就　到　了。
春　とても　早い　もうすぐ　来る

真由美: 時間がたつのは本当に早いです。
シーチェン　クゥオ　トヲ　ヂェン　クゥアイ
Shíjiān　guò　de　zhēn　kuài
时间　过　得　真　快。 ※❷
時間　過ぎる　の　本当に　早い

※❶ この**了**は「**快~了**」とセットの形で使うもので、19日め（→p.80）の**了**とは意味合いが違います。「もうすぐ（まもなく）~だ」という意味です。

※❷ **时间过得真快**。（時間がたつのは本当に早い。）は決まり文句です。

第2章 基本の文法と会話　25日め

単語 一緒に覚えよう ～中国の祝日～

元旦（1月1日）
ユエンタァン
Yuándàn
元旦

旧正月（旧暦1月1日）
チュンチィエ
Chūnjié
春节

国際婦人デー（3月8日）
サァンバーフーニュイチィエ
Sānbāfùnǚjié
三八妇女节 ※女性だけが休む

清明節（4月初旬）
チンミィンチィエ
Qīngmíngjié
清明节

メーデー（5月1日）
ウーイーチィエ
Wǔyījié
五一节

端午節（旧暦5月5日）
トゥアンウーチィエ
Duānwǔjié
端午节

国際児童デー（6月1日）
リィオウイーアルトォンチィエ
Liùyīértóngjié
六一儿童节 ※子どもだけが休む

国慶節（建国記念日。10月1日）
クゥオチィンチィエ
Guóqìngjié
国庆节

プラスアルファ +α 所要時間を尋ねる ～要多长时间？～
イアオトゥオチァンシーチェン

時間に関する疑問文では、必要な時間を尋ねる表現も覚えておきましょう。「どのくらいの時間」を意味する**多长时间** duōcháng shíjiānと、「要する」という意味の**要** yàoを組み合わせ、**~要 多长时间？**「~にはどのくらい時間がかかりますか？」となります。

例 アンモォ イアオ トゥオチァン シーチェン
按摩 要 多长时间？（マッサージにはどのくらい時間がかかりますか？）

さらに**去~要多长时间？**は「~に行くにはどのくらい時間がかかりますか？」です。

例 チュイ チーチァン イアオ トゥオチァン シーチェン
去机场 要 多长时间？（空港に行くにはどのくらい時間がかかりますか？）

26日め

シァン
xiǎng
想

希望・願望の表現

〜したい

CD-42

ここでは、「〜したい」と希望を伝えるときの、想を使ったいい方を学びましょう。

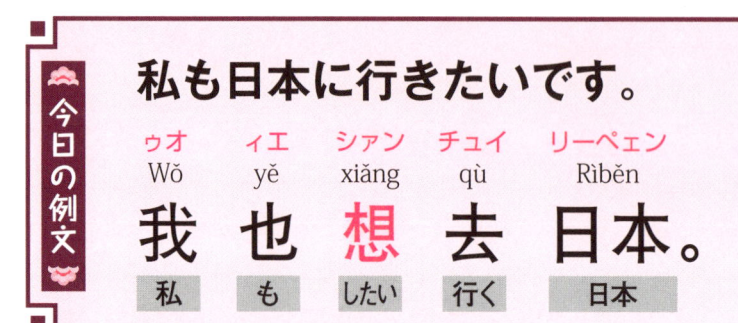

今日の例文

私も日本に行きたいです。

ウオ	イエ	シァン	チュイ	リーペェン
Wǒ	yě	xiǎng	qù	Rìběn
我	也	想	去	日本。
私	も	したい	行く	日本

❗ 文法のポイント

想（したい） ＋ 動詞

「行きたい」「買いたい」など、「〜したい」と表現するときは、助動詞の想を動詞の前に置きます。

例　我 想 听 中国 音乐。Wǒ xiǎng tīng Zhōngguó yīnyuè（中国の音楽を聞きたいです。）

想と同様に、「〜したい」と願望を表す助動詞には要（→21日め、p.88参照）もあります。

例　我 要 睡觉。Wǒ yào shuìjiào（眠りたいです。）

「〜したくない」と否定的な表現をする場合には想の前に不を置きます。
なお、要については不を使うと、「〜するな」「〜してはいけない」という禁止の意味になってしまうので注意が必要です（→p.103、プラスアルファー参照）。

使ってみよう！ 言いかえフレーズ

ウオ	シァン	シーザァオ
Wǒ	xiǎng	xǐzǎo
我	想	洗澡。（お風呂に入りたいです。）
私	したい	入浴する

ウオ	ブー	シァン	チー	ヂヲクヲ
Wǒ	bù	xiǎng	chī	zhège
我	不	想	吃	这个。（これは食べたくありません。）
私	ない	したい	食べる	これ

シーンで覚える 会話例

相手の国に行ってみたいという気持ちを伝えるいい方を覚えましょう。

劉平: 僕も日本に行きたいな。
ウォ イェ シアン チュイ リーペェン
Wǒ yě xiǎng qù Rìběn
我 也※❶ 想 去 日本。
私 も したい 行く 日本

真由美: 日本のどこに行きたいのですか？
ニー シアン チュイ リーペェン トヲ シェンマヲ ティーファン
Nǐ xiǎng qù Rìběn de shénme dìfang
你 想 去 日本 的 什么 地方？※❷
あなた したい 行く 日本 の どんな 場所

劉平: ディズニーランドです。
ウォ シアン チュイ ティスーニーラーユエン
Wǒ xiǎng qù Dísīnílèyuán
我 想 去 迪斯尼乐园。
私 したい 行く ディズニーランド

真由美: ああ、うちの家の近くです。
アー ティスーニーラーユエン ザァイ ウォ チア トヲ フーチン
À Dísīnílèyuán zài wǒ jiā de fùjìn
啊,※❸ 迪斯尼乐园 在 我 家 的 附近。
ああ ディズニーランド ある 私 家 の 近く

> ※❶ 也は「〜も」という意味の副詞です。
> ※❷ 什么地方は「どこ？」という意味です。
> ※❸ 啊は驚いたときなどに発します。

第2章 基本の文法と会話　26日め

入れ替えて使える！〜観光地〜 単語

故宮
クーゴォン
Gùgōng
故宫

天安門広場
ティエンアンメンクゥアンチァン
Tiān'ānmén guǎngchǎng
天安门广场

万里の長城
チァンチヲン
Chángchéng
长城

頤和園
イーフヲエン
Yíhéyuán
颐和园

外灘
ウァイタァン
Wàitān
外滩

豫園
ユィユエン
Yùyuán
豫园

シルクロード
スーチォウヂールー
Sīchóu zhī lù
丝绸之路

寒山寺
ハァンシァンスー
Hánshānsì
寒山寺

豆知識 中国人の旅行

著しい経済の発展に伴い海外旅行をする人が増えていますが、多くの中国人にとっては、まだまだ国内旅行が主流です。

観光地の一番人気は何といっても、中国の首都であり、故宮をはじめとした歴史的建造物が多い北京です。広大な中国では、北京に行くのも大旅行という人が大勢います。

逆に北京の人たちにとっては、冬は暖かい海南島、夏は過ごしやすい内モンゴルや新疆に行くのが典型的な旅行スタイル。往路は電車でのんびりと風景を楽しみながら行き、帰路は飛行機にする人も少なくありません。

27日め

guò
过

経験の表現

〜したことがある

ここでは、「〜したことがある」と経験を表すいい方について学びましょう。

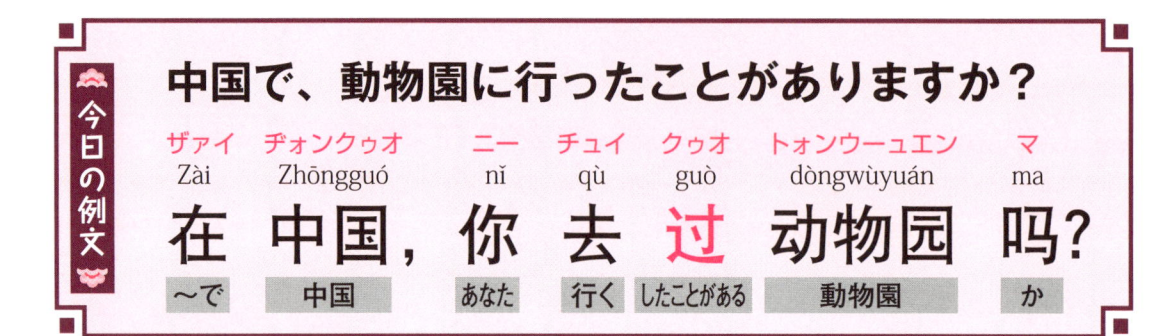

今日の例文

中国で、動物園に行ったことがありますか？

在	中国，	你	去	过	动物园	吗？
Zài	Zhōngguó	nǐ	qù	guò	dòngwùyuán	ma
〜で	中国	あなた	行く	したことがある	動物園	か

❗ 文法のポイント

動詞 ＋ 过guò（したことがある）

「〜したことがある」と経験したことをいう場合は、動詞の後に助詞の过を置きます。

例 他 学 过 太极拳。Tā xué guò tàijíquán （彼は太極拳を習ったことがあります。）

「〜したことがない」という場合は、動詞の前に没méi（没有 méiyǒu）を置きます。

例 没 喝 过 中国 葡萄酒。Méi hē guò Zhōngguó pútáojiǔ
（中国のワインは飲んだことがありません。）

また、过は「〜を済ませた」「〜を終えた」というときにも使われ、一般的に了を伴います。

例 吃 过 午饭 了吗? Chī guò wǔfàn le ma （昼食は済ませましたか？）

使ってみよう！ 言いかえフレーズ

我	在	中国	用	过	信用卡。
Wǒ	zài	Zhōngguó	yòng	guò	xìnyòngkǎ
私	〜で	中国	使う	したことがある	クレジットカード

（中国でクレジットカードを使ったことがあります。）

我	在	北京	没	坐	过	地铁。
Wǒ	zài	Běijīng	méi	zuò	guò	dìtiě
私	〜で	北京	ない	乗る	したことがある	地下鉄

（北京で地下鉄に乗ったことはありません。）

坐zuòには「座る」という意味もあります。

シーンで覚える 会話例

2人は旅行談義を始めました。「〜に行ったことがある」と、過去に訪れた場所について話してみましょう。

真由美: 私は、今までにいろいろな遊園地に行ったことがあります。
ウォ チュイ クゥオ クヮヂョンクヮィアン トヲ イオウラーユエン
Wǒ qù guò gèzhǒnggèyàng de yóulèyuán
我 去 过 各种各样 的 游乐园。
私 行く したことがある 様々な の 遊園地

劉平: 中国で、動物園に行ったことがありますか？
ザァイ ヂョンクゥオ ニー チュイ クゥオ トンウーユエン マ
Zài Zhōngguó nǐ qù guò dòngwùyuán ma
在 中国，你 去 过 动物园 吗？
〜で 中国 あなた 行く したことがある 動物園 か

真由美: ええ、北京動物園に行ったことがあります。
チュイ クゥオ ウォ チュイ クゥオ ペイチントンウーユエン
Qù guò wǒ qù guò Běijīngdòngwùyuán
去 过，我 去 过 北京动物园。※❶
行く したことがある 私 行く したことがある 北京動物園

劉平: 水族館もおもしろいですよね。
ハァイィアンクゥアン イエ ヘェン イオウイース
Hǎiyángguǎn yě hěn yǒuyìsi
海洋馆 也 很 有意思。※❷
水族館 も とても おもしろい

※❶ 北京动物园 は北京にある中国最大級の動物園です。
※❷ 有意思 は、「おもしろい」という気持ちを伝えるときによく使われます。

第2章 基本の文法と会話 27日め

単語 一緒に覚えよう 〜動物〜

犬 コォウ gǒu 狗	猫 マァオ māo 猫
パンダ ションマァオ xióngmāo 熊猫	ライオン シーズ shīzi 狮子
虎 ラァオフー lǎohǔ 老虎	シマウマ バンマー bānmǎ 斑马
キンシコウ チンスーホォウ jīnsīhóu 金丝猴	クジャク コォンチュエ kǒngquè 孔雀

プラスアルファー +α 持続を表す 着(ヂヲ)

動詞の後につく助詞には、了(ラ)、过(クゥオ)のほかに 着 zhe も重要です。「〜している」と動作が持続していること、あるいは動作の結果生じた状態が現在も続いていることを表します。

例 ター タイ ヂヲ イェンチン 他 戴 着 眼镜。Tā dài zhe yǎnjìng
（彼はメガネをかけています。）

在(ザァイ)、正在(ヂェンザァイ)（→30日め参照）は「〜している」で、動作の進行を示すことが多いのに対して、着(ヂヲ)は動作・状態が終わっていない、続いていることを表しています。着zháoと発音されるときは目的が達成されたことを示すなど、全く別の意味になります。

28日め

可以 kěyǐ　〜してよい

許可の表現

CD-44

ここでは、「〜してよいです」と許可をしたり、逆に「〜してよいですか？」と許可を求めるときのいい方を学びます。

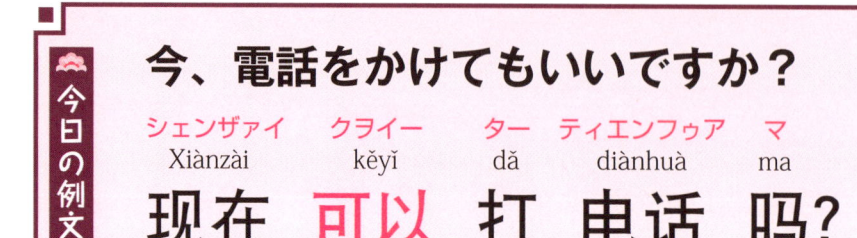

今日の例文

今、電話をかけてもいいですか？

現在 Xiànzài（今）　可以 kěyǐ（してよい）　打 dǎ（かける）　电话 diànhuà（電話）　吗 ma（か）

! 文法のポイント

可以 kěyǐ（してよい） ＋ **動詞**

「〜してよいです」と許可をするときには、助動詞の可以を動詞の前に置きます。また「〜してもよいですか？」と許可を求めるときには、可以と吗maを使います。

例　你可以问导游。Nǐ kěyǐ wèn dǎoyóu（ガイドさんに尋ねてもいいですよ。）
　　可以进去吗？Kěyǐ jìnqù ma（入ってもいいですか？）

許可を求める場合は、助動詞の能néngを使うこともできます。

例　能用一下吗？Néng yòng yíxià ma（ちょっと使ってもいいですか？）

許可を求められた場合、「よい」と肯定するときは可以または行xíng、「だめ」と否定するときは不可以bùkěyǐまたは不行bùxíngという答え方をします。

使ってみよう！ 言いかえフレーズ

可以 Kěyǐ（してよい）　放 fàng（入れる）　牛奶 niúnǎi（牛乳）　吗 ma（か）
（ミルクを入れてもいいですか？）

可以 Kěyǐ（してよい）　不 bù（ない）　喝 hē（飲む）　酒 jiǔ（酒）　吗 ma（か）
（お酒を飲まなくてもいいですか？）

> 放 fàngには、ほかにも「置く」など様々な意味があります。

102

シーンで覚える 会話例

劉平は電話をかけなければなりません。一緒にいる相手に失礼にならないよう、「電話をかけてよいか」許可を得ましょう。

真由美：李さんに電話をしますか？
ケイ リー シェンシヲン ター ティエンフゥア マ
Gěi Lǐ xiānsheng dǎ diànhuà ma
给※❶ 李 先生 打 电话 吗?
～に 李 さん かける 電話 か

劉平：今、電話をかけてもいいですか？
シェンザイ クヲイー ター ティエンフゥア マ
Xiànzài kěyǐ dǎ diànhuà ma
现在 可以 打 电话 吗?
今 してよい かける 電話 か

真由美：いいですよ。
クヲイー
Kěyǐ
可以。
してよい

劉平：もしもし、李さんですか？
ウエイ リー シェンシヲン マ
Wéi Lǐ xiānsheng ma
喂※❷, 李 先生 吗?
もしもし 李 さん か

> ※❶ 给は「～に」「～のために」という意味の前置詞です。
> ※❷ 喂は「もしもし」という電話で呼びかけるときの決まり文句です。

第2章 基本の文法と会話　28日め

単語　一緒に覚えよう ～通信関係～

住所 ティーヂー dìzhǐ 地址	電話番号 ティエンフゥアハァオマー diànhuàhàomǎ 电话号码
メールアドレス イォウシャン yóuxiāng 邮箱	ファックス チゥアンヂェン chuánzhēn 传真
手紙 シン xìn 信	封筒 シンフヲン xìnfēng 信封
郵便局 イォウチゥイ yóujú 邮局	ポスト シントォン xìntǒng 信筒

プラスアルファ +α　禁止を意味する 不要と別
ブーイアオ ビィエ

許可とは逆に、禁止する場合には「～するな」「～してはいけない」を意味する**不要** búyào や **別** bié を使います。

例　ブーイアオ ターシォン シゥオフゥア
不要 大声 说话。Búyào dàshēng shuōhuà
（大声で話さないでください。）

例　ビィエ チォウイェン
別 抽烟。Bié chōuyān（禁煙。）
※抽烟は「タバコを吸う」。

ちなみに禁止ではありませんが、「～する必要はない」というときは、**不用** bùyòng を使います。あわせて覚えておきましょう。

例　ブーイオン トヲン ウォ
不用 等 我。Bùyòng děng wǒ
（私を待つ必要はありません。）

103

29日め

能・会 néng / huì

可能を表す表現

～できる

CD-45

「～できる」と可能を意味するいい方として、能と会があります。両者が使われる場面は微妙に異なります。

今日の例文

李さんはピアノが弾けます。

李 先生 会 弹 钢琴。
Lǐ xiānsheng huì tán gāngqín
（李／さん／できる／弾く／ピアノ）

！文法のポイント

能・会（～できる）néng / huì ＋ **動詞**

「～できる」という場合、助動詞の能あるいは会の後に動詞を置きます。能は、「能力があるからできる」「条件を満たしているからできる」という場合に使われます。

例 **饭店 里 能 发 传真。** Fàndiàn lǐ néng fā chuánzhēn（ホテルではファックスを送れます。）

一方、会は練習などによって技能を習得した結果、できるようになった場合に使われ、また、「～する可能性がある」という意味でも使われます。

例 **他 会 打 麻将。** Tā huì dǎ májiàng（彼は麻雀ができます。）※打麻将は「麻雀をする」。

「～できない」というときには、能も会も不で打ち消します。

例 **他 不 会 拉 二胡。** Tā bú huì lā èrhú（彼は二胡を弾けません。）

使ってみよう！ 言いかえフレーズ

饭店 里 能 换 人民币。
Fàndiàn lǐ néng huàn rénmínbì
（ホテル／中／できる／換える／人民元）
（ホテルの中で人民元を換えることができます。）

他 会 做 四川菜。
Tā huì zuò Sìchuāncài
（彼／できる／つくる／四川料理）
（彼は四川料理をつくることができます。）

> 做zuòは「つくる」のほかにも様々な意味をもっています。

シーンで覚える 会話例

2人はパーティーの余興を考えています。「〜ができる」というときのいい方を覚えましょう。

劉平：李さんはピアノが弾けるって。
リー シェンシヲン フゥイ タァン カァンチン
Lǐ xiānsheng huì tán gāngqín
李 先生 会 弹 钢琴。
（李さん／できる／弾く／ピアノ）

真由美：明日のパーティーで、彼は伴奏できますか？
ミィンティエン トヲ ゥアンフゥイ ター ノヲン パァンズォウ マ
Míngtiān de wǎnhuì tā néng bànzòu ma
明天 的 晚会，他 能 伴奏 吗？
（明日／の／パーティー／彼／できる／伴奏する／か）

劉平：多分、大丈夫です。
ターカァイ メェイ ゥエンティー
Dàgài méi wèntí
大概※❶ 没 问题。
（多分／ない／問題）

真由美：それなら、私は歌を歌いましょう。
ナーマヲ ゥオ チァン クヲ
Nàme wǒ chàng gē
那么※❷，我 唱 歌。
（それでは／私／歌う／歌）

> ※❶ 大概は「多分、恐らく」という意味の副詞です。没问题は「問題ない」というときの決まり文句です。
> ※❷ 那么は、ここでは「それでは」という意味です。

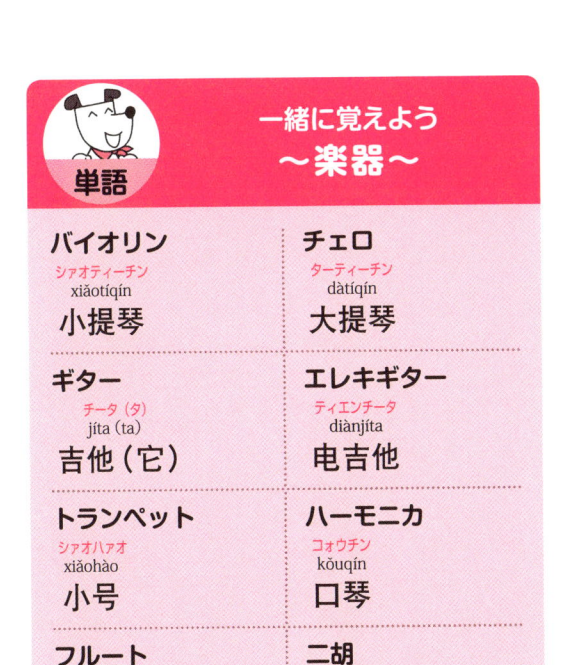

第2章 基本の文法と会話　29日め

一緒に覚えよう 〜楽器〜 【単語】

バイオリン	チェロ
シァオティーチン xiǎotíqín 小提琴	ターティーチン dàtíqín 大提琴

ギター	エレキギター
チータ（タ）jíta (ta) 吉他（它）	ティエンチータ diànjíta 电吉他

トランペット	ハーモニカ
シァオハァオ xiǎohào 小号	コォウチン kǒuqín 口琴

フルート	二胡
チァンティー chángdí 长笛	アルフー èrhú 二胡

豆知識 中国人の集まり

　世代や地方によって異なりますが、都市部で暮らす中国人は、一般的にパーティーや飲み会のような集まりを盛んに催すことはありません。

　大学時代の仲間が就職し、出張などで地元に戻ってきたときや、年末の31日に会社で「新年会」形式で食事会を開くなど、集まりの機会は限られています。

　最近では、子どものために誕生パーティーを開く機会も増えていますが、これも一昔前の中国では考えられなかったことです。

30日め

在・正在 zài / zhèngzài

動作の進行の表現

（ちょうど）している

CD-46

「（ちょうど）している」と、今、動作を行っていることを示す表現を学びましょう。

今日の例文

パーティー会場の場所を確認しているところです。

ウオ	ザァイ	チュエレェン	ゥアンフゥイ	トヲ	フゥイチャン
Wǒ	zài	quèrèn	wǎnhuì	de	huìchǎng
我	在	确认	晚会	的	会场。
私	している	確認する	パーティー	の	会場

⚠ 文法のポイント

在・正在（している） zài / zhèngzài ＋ **動詞**

「〜している」と動作が進行していることを表す場合には、副詞の在を動詞の前に置きます。

例 他 在 接 电话。Tā zài jiē diànhuà （彼は電話を受けているところです。）

また、「今まさに（ちょうど）している」ことを強調したい場合には、副詞の正在を動詞の前に置きます。

例 我 正在 洗澡。Wǒ zhèngzài xǐzǎo （お風呂に入っている最中です。）

なお、正在と同様の意味で正が使われることがあります。

例 他 正 吃 晚饭 呢。Tā zhèng chī wǎnfàn ne （彼はちょうど夕飯を食べているところです。）

使ってみよう！ 言いかえフレーズ

ター	ザァイ	サァンブー
Tā	zài	sànbù
他	在	散步。（彼は散歩をしているところです。）
彼	している	散歩する

ター	ヂヲンザァイ	シー	イーフ
Tā	zhèngzài	xǐ	yīfu
她	正在	洗	衣服。（彼女はちょうど洗濯をしているところです。）
彼女	（ちょうど）している	洗う	服

106

シーンで覚える 会話例

何をしているのか聞かれました。「〜をしているところです」と答えてみましょう。

劉平：李さんはちょうどピアノを弾いているところでした。
リー シェンシヲン ヂヲンザァイ タァン カァンチン
Lǐ xiānsheng zhèngzài tán gāngqín
李 先生 正在 弹 钢琴。
李 さん (ちょうど)している 弾く ピアノ

真由美：彼は毎日練習しているんですか？
ター メェイティエン トウ ザァイ タァン マ
Tā měitiān dōu※❶ zài tán ma
他 每天 都 在 弹 吗?
彼 毎日 すべて している 弾く か

※❶ 都は「すべて、みな」という意味の副詞です。
※❷ 干は抽象的に「する」という意味をもっており、様々な行為を示すことができます。

劉平：毎日しています。あなたは何をしているんですか？
メェイティエン トウ ザァイ タァン. ニー ザァイ カァン シェンマヲ
Měitiān dōu zài tán. Nǐ zài gàn※❷ shénme
每天 都 在 弹。 你 在 干 什么?
毎日 すべて している 弾く あなた している する 何

真由美：パーティー会場の場所を確認しているんです。
ゥオ ザァイ チュエレェン ゥアンフゥイ トヲ フゥイチァン
Wǒ zài quèrèn wǎnhuì de huìchǎng
我 在 确认 晚会 的 会场。
私 している 確認する パーティー の 会場

一緒に覚えよう 〜娯楽〜

カラオケをする チァン カーラーオケ chàng kǎlā 唱 卡拉OK	**バーに行く** チュイ チゥオウバー qù jiǔbā 去 酒吧
観劇する カァン シー kàn xì 看 戏	**美術鑑賞する** カァン フゥアヂァン kàn huàzhǎn 看 画展
テレビゲームをする ゥアル ティエンズーィオウシー wánr diànzǐyóuxì 玩儿 电子游戏	**囲碁をする** シィア ゥエイチー xià wéiqí 下 围棋
釣りをする ティアオ ユイ diàoyú 钓鱼	**ダンスをする** ティアオウー tiàowǔ 跳舞

+α よく使われる副詞

日常会話などで使われる機会の多い副詞をまとめて紹介します。

已经	yǐjing	すでに
更	gèng	さらに
一定	yídìng	きっと
马上	mǎshàng	すぐに
才	cái	いまさっき
刚	gāng	ちょうど
一直	yìzhí	ずっと
常常	chángcháng	常に
终于	zhōngyú	ついに

練習問題③（21日め～30日め）

1 次の日本語に合うように、（ ）内の中国語を正しい語順に並べ替えましょう。

1 ご飯それともパン？
（①还是　②面包　③米饭）？

2 どうやって空港に行くのですか？
（①机场　②去　③怎么）？

3 入ってもいいですか？
（①吗　②进去　③可以）？

4 お風呂に入っている最中です。
（①洗澡　②我　③正在）。

2 次の（ ）に入る最も適切な単語を、下の①～④の中から１つずつ選びましょう。

1 苹果（　）桔子　　　　（リンゴとミカン）

2 我（　）这个。　　　　（これをください。）

3 他 学（　）太极拳。　（彼は太極拳を習ったことがあります。）

4 我（　）听 中国 音乐。（中国の音楽を聞きたいです。）

①想　　②过　　③和　　④要

108

解答と解説

1

1 正解： ③①② （米饭 还是 面包）？
ミーファン　ハァイシー　ミェンパァオ

→P.92　还是を使って、「それとも？」と選んでもらうときのいい方です。日本語の順番と同じように、「AそれともB」は「A还是B」と並べればよいだけです。

2 正解： ③②① （怎么 去 机场）？
ゼンマヲ　チュイ　チーチャン

→P.94　「どのように〜するのですか？」と手段や方法を尋ねるときに使う怎么は、動詞の前に置かれます。怎么 去〜? は「どうやって〜に行くのですか？」という定型文で、旅行などのときに便利な表現です。

3 正解： ③②① （可以 进去 吗）？
クヲイー　チンチュイ　マ

→P.102　「〜してもよいですか？」と許可を求めるときに使う助動詞の可以は、動詞の前に置かれます。疑問を表す語気助詞の吗は文末に置きます。

4 正解： ②③① （我 正在 洗澡）。
ウオ　ヂョンザァイ　シーザァオ

→P.106　「ちょうど〜している」と今まさに動作を行っていることを表す正在は、動詞の前に置かれます。動作の進行を表す表現としては在もありますが、「ちょうど」というニュアンスは薄れます。

2

1 正解： ③ 苹果（和）桔子
ピィンクゥオ　フヲ　チュイズ

→P.90　「〜と〜」のように複数の語句をつなぐときには、和を使います。なお、3つの語句をつなぐ場合には、最後の語の前に和を置きます。

2 正解： ④ 我（要）这个。
ウオ　イアオ　ヂヲクヲ

→P.88　「〜をください」と注文したり、買いたいと意思表示するときには、我 要〜といいます。要には「〜をしたい」「〜しそうだ」などというように様々な意味があるので、注意が必要です。

3 正解： ② 他 学（过）太极拳。
ター　シュエ　クゥオ　タイチーチュエン

→P.100　「〜したことがある」と経験を表すときには、助詞の过を動詞の後に置きます。「〜したことがない」と否定する場合には、不ではなく没（没有）を使うことを覚えておきましょう。

4 正解： ① 我（想）听 中国 音乐。
ウオ　シアン　ティン　ヂョンクゥオ　インユエ

→P.98　「〜したい」と希望を伝えるときには、助動詞の想を使います。2のように、要を使っても同様の意味を表せます。ただし、「〜したくない」というときには、不想とはいえますが、不要というと禁止の意味になってしまうので要注意です。

第2章　基本の文法と会話

109

まとめ会話③ （21日め～30日め）

中国人の友人と中国を旅行することにしました。レストランで料理を頼んだり、観光名所を訪ねたりしてみましょう。下線部に適切な語を入れて練習してみましょう。

1 レストランで料理を注文しましょう。

我 要_____。 Wǒ yào ____
　ｳｵ　ｨｱｵ

2 「～と～」と複数のものを並列にあげてみましょう。

_____和_____。 ____hé____
　　　　　ﾌｦ

3 複数のものを示して「どちらにしますか？」と相手に選んでもらいましょう。

_____还是_____？ ____háishi____
　　　　ﾊｧｲｼｰ

4 行きたい場所にどのように行くのかを尋ねてみましょう。

怎么 去_____？ Zěnme qù ____
ｾﾞｪﾝﾏｦ ﾁｭｲ

5 お店や観光施設などがいつ開くのか尋ねてみましょう。

什么时候 关门？ Shénme shíhòu kāimén
ｼｪﾝﾏｦｼｰﾎｫｳ ｶｧｲﾒｪﾝ

> がんばりましたね！これからも勉強を続けてください。

6 「〜をしたい」と自分の願望を相手に伝えてみましょう。

我 想_____。Wǒ xiǎng ____

7 「〜をしたことがある」と過去の経験を相手に教えましょう。

我_____过。Wǒ ____ guò

8 「〜してもよいですか？」と許可を求めてみましょう。

可以_____吗? Kěyǐ ____ ma

9 自分ができることを相手に教えてみましょう。

我 能（会）_____。Wǒ néng（huì）____

※「能力があるからできる」「条件を満たしているからできる」場合には**能**を、練習などによって技能を習得した結果、できるようになった場合には**会**を使います。

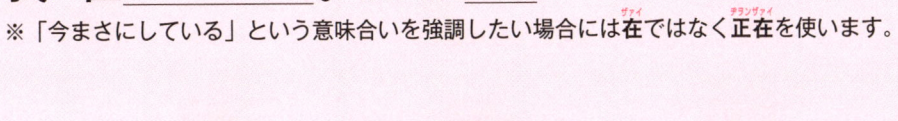

10 「〜しているところです」と相手に伝えましょう。

我 在_____。Wǒ zài ____

※「今まさにしている」という意味合いを強調したい場合には**在**ではなく**正在**を使います。

第2章 基本の文法と会話

【著 者】
韓　応飛（ハン　インフェイ）
中央大学非常勤講師。著書（共著）に『30日で話せる中国語会話』（ナツメ社）がある。

鈴木健一（すずき　けんいち）
東京大学文学部卒業。中国関係書籍、ビジネス書を専門とするフリーの編集者、ライター。訳書に『最新 中国経済の本当の実力－中国12業界の生き残り戦略』（CCCメディアハウス）、著書（共著）に『三国志に学ぶビジネス戦略 ピンチをチャンスに変えた成功法』（インフォトップ出版）などがある。

【スタッフ】
中国語ナレーション　　　　李 軼倫（リ・イツリン）　李　茜（リ・チェン）
日本語ナレーション　　　　矢嶋美保
本文イラスト　　　　　　　浅羽壮一郎
編集協力・本文デザイン　　株式会社エディポック（古川陽子）
編集担当　　　　　　　　　齋藤友里（ナツメ出版企画株式会社）

ナツメ社Webサイト
https://www.natsume.co.jp
書籍の最新情報（正誤情報を含む）は
ナツメ社Webサイトをご覧ください。

本書に関するお問い合わせは、書名・発行日・該当ページを明記の上、下記のいずれかの方法にてお送りください。電話でのお問い合わせはお受けしておりません。
・ナツメ社webサイトの問い合わせフォーム
　https://www.natsume.co.jp/contact
・FAX（03-3291-1305）
・郵送（下記、ナツメ出版企画株式会社宛て）
なお、回答までに日にちをいただく場合があります。正誤のお問い合わせ以外の書籍内容に関する解説・個別の相談は行っておりません。あらかじめご了承ください。

CD付き　1日10分でわかる！話せる！中国語スタートBOOK

2013年3月 11日　初版発行
2022年9月 10日　第8刷発行

著　者　韓　応飛　　　　　　　　　　　　　　　　　©Han Yingfei, 2013
　　　　鈴木健一　　　　　　　　　　　　　　　　　©Suzuki Kenichi, 2013
発行者　田村正隆

発行所　株式会社ナツメ社
　　　　東京都千代田区神田神保町1-52　ナツメ社ビル1F（〒101-0051）
　　　　電話　03（3291）1257（代表）　　FAX　03（3291）5761
　　　　振替　00130-1-58661
制　作　ナツメ出版企画株式会社
　　　　東京都千代田区神田神保町1-52　ナツメ社ビル3F（〒101-0051）
　　　　電話　03（3295）3921（代表）
印刷所　図書印刷株式会社

ISBN978-4-8163-5372-7　　　　　　　　　　　　　　　　　　　Printed in Japan
〈定価はカバーに表示してあります〉〈乱丁・落丁本はお取り替えします〉
本書の一部または全部を著作権法で定められている範囲を超え、ナツメ出版企画株式会社に無断で複写、複製、転載、データファイル化することを禁じます。

CD付き
1日10分でわかる！話せる！
中国語スタートBOOK
復習書き取りドリル

別冊

取りはずして使えます。

韓応飛・鈴木健一＝著

ナツメ社

第1章 中国語会話の基本表現

▶ 本冊P.32〜36とCD-14〜16を参照しながら書き取りましょう。

| こんにちは！
ニー ハァオ
Nǐ hǎo
你 好！ | こんにちは！（目上の人に）
ニン ハァオ
Nín hǎo
您 好！ |

| おはよう！
ザァオシァン ハァオ
Zǎoshàng hǎo
早上 好！ | こんばんは！
ゥアンシァン ハァオ
Wǎnshàng hǎo
晚上 好！ |

| ありがとう！
シィエ シィエ
Xiè xie
谢 谢！ | どういたしまして！
ブー シィエ
Bú xiè
不 谢！ |

| すみません。
トゥイブチー
Duìbuqǐ
对不起。 | さようなら！
ザァイ チェン
Zài jiàn
再 见！ |

1

お名前は？（名字を尋ねる）	お名前は？（フルネームを尋ねる）
ニン　クゥイシィン Nín　guìxìng **您 贵姓?**	ニン　チァオ　シェンマヲ　ミィンズ Nín　jiào　shénme　míngzi **您 叫 什么 名字?**

お元気ですか？	どうしました？
ニー　ハァオ　マ Nǐ　hǎo　ma **你 好 吗?**	ニー　ゼェンマヲ　ラ Nǐ　zěnme　le **你 怎么 了?**

お忙しいですか？	（とても）忙しいです。
マァン　マ Máng　ma **忙 吗?**	ヘェン　マァン Hěn　máng **很 忙。**

まあまあです。	忙しくありません。
ハァイ　クヲイー Hái　kěyǐ **还 可以。**	ブー　マァン Bù　máng **不 忙。**

頑張って！	お疲れさま！
チィァイオウ Jiāyóu **加油！**	シンクー　ラ Xīnkǔ　le **辛苦 了！**

1日め

チァオ
jiào

叫

▶ 本冊P.40とCD-17を参照しながら書き取りをしましょう。

《 今日の例文 》

私は中野真由美といいます。

ウオ　チァオ　ヂォンィエ　ヂェンィオウメェィ
Wǒ　jiào　Zhōngyě　Zhēnyóuměi

我　叫　中野　真由美。

私は佐藤洋一といいます。

ウオ　チァオ　ズゥオトヲン　ィアンイー
Wǒ　jiào　Zuǒténg　Yángyī

我　叫　佐藤　洋一。

私は鈴木リカといいます。

ウオ　チァオ　リィンムー　リーシァン
Wǒ　jiào　Língmù　Lǐxiāng

我　叫　铃木　理香。

私は劉平といいます。

ウオ　チァオ　リィオウ　ピィン
Wǒ　jiào　Liú　Píng

我　叫　刘　平。

私は田中陽子といいます。

ウオ　チァオ　ティエンヂォン　ィアンズー
Wǒ　jiào　Tiánzhōng　Yángzǐ

我　叫　田中　阳子。

練習してみよう

次の日本語に合うように、空いている部分に中国語を書いてみましょう。

❶ 私は山本達也といいます。

チァオ　シァンベェン　ターィエ
jiào　Shānběn　Dáyě

(A) 叫　山本　达也。

A: ☐

❷ 私は高橋愛といいます。

ウオ　カァオチァオ　アイ
Wǒ　Gāoqiáo　Ài

我 (B) 高桥　爱。

B: ☐

2日め

シー
shì

是

▶ 本冊P.42とCD-18を参照しながら書き取りをしましょう。

今日の例文

私は日本人です。

ゥオ　シー　リーペェン　レェン
Wǒ　shì　Rìběn　rén
我　是　日本　人。

私は教師です。

ゥオ　シー　チァオシー
Wǒ　shì　jiàoshī
我　是　教师。

私は会社員です。

ゥオ　シー　コォンスー　ヂューエン
Wǒ　shì　gōngsī　zhíyuán
我　是　公司　职员。

私は学生です。

ゥオ　シー　シュエシヲン
Wǒ　shì　xuésheng
我　是　学生。

私は看護師です。

ゥオ　シー　フゥシ
Wǒ　shì　hùshi
我　是　护士。

練習してみよう

次の日本語に合うように、空いている部分に中国語を書いてみましょう。

❶ 彼はアメリカ人です。

ター　　メェイクゥオ　レェン
Tā　　Měiguó　　rén
他（A）美国　人。

A: ☐

❷ 彼は教師です。

ター　シー
Tā　shì
他　是（B）。

B: ☐

4

3日め

マ
ma

吗

▶ 本冊P.44とCD-19を参照しながら書き取りをしましょう。

今日の例文

北京のご出身ですか？

ニー シー ペイチィン レェン マ
Nǐ shì Běijīng rén ma
你 是 北京 人 吗?

彼は韓国人ですか？

ター シー ハァングゥオ レェン マ
Tā shì Hánguó rén ma
他 是 韩国 人 吗?

あなたは教師ですか？

ニー シー チァオシー マ
Nǐ shì jiàoshī ma
你 是 教师 吗?

あなたは東京出身ですか？

ニー シー トォンチィン レェン マ
Nǐ shì Dōngjīng rén ma
你 是 东京 人 吗?

あなたは看護師ですか？

ニー シー フゥシ マ
Nǐ shì hùshi ma
你 是 护士 吗?

練習してみよう

次の日本語に合うように、空いている部分に中国語を書いてみましょう。

❶ あなたは妹ですか？

ニー シー メイメイ
Nǐ shì mèimei
你 是 妹妹 (A)?

A: ☐

❷ 彼女は韓国人ですか？

ター シー マ
Tā shì ma
她 是 (B) 吗?

B: ☐

4日め

シュエシー
xuéxí
学习

▶ 本冊P.46とCD-20を参照しながら書き取りをしましょう。

《 今日の例文 》

私は中国語を勉強しています。

ゥオ　　シュエシー　　ハァンユイ
Wǒ　　xuéxí　　　Hànyǔ

我 学习 汉语。

私は食事をします。

ゥオ　チー　ファン
Wǒ　chī　fàn

我 吃 饭。

私はフランス語を勉強しています。

ゥオ　　シュエシー　　ファーユイ
Wǒ　　xuéxí　　　Fǎyǔ

我 学习 法语。

私は日本語を勉強しています。

ゥオ　　シュエシー　　リーユイ
Wǒ　　xuéxí　　　Rìyǔ

我 学习 日语。

私はあなたを見ます。

ゥオ　カァン　ニー
Wǒ　kàn　nǐ

我 看 你。

練習してみよう

次の日本語に合うように、空いている部分に中国語を書いてみましょう。

❶ あなたは中国語を勉強していますか？

ニー　　　ハァンユイ　マ
Nǐ　　　Hànyǔ　　ma

你（A）汉语 吗?

A: _____

❷ あなたはフランス語を勉強していますか？

ニー　シュエシー　　　マ
Nǐ　　xuéxí　　　　ma

你 学习（B）吗?

B: _____

5日め

ナァン　　ロォンイー
nán　　　róngyì

难、容易

▶ 本冊P.48とCD-21を参照しながら書き取りをしましょう。

《 今日の例文 》

日本語の発音は簡単ですか？

リーユイ　ファーイン　ロォンイー　マ
Rìyǔ　　fāyīn　　róngyì　　ma

日语 发音 容易 吗？

登山はおもしろいですか？

トヲンシアン　ィオウイース　マ
Dēngshān　yǒuyìsi　ma

登山 有意思 吗？

中国語は難しいですね。

ハァンユイ　ヘン　ナァン
Hànyǔ　hěn　nán

汉语 很 难。

とても難しいです。

ヘン　ナァン
Hěn　nán

很 难。

とても簡単です。

ヘン　ロォンイー
Hěn　róngyì

很 容易。

練習してみよう

次の日本語に合うように、空いている部分に中国語を書いてみましょう。

❶ 日本語は難しいです。

リーユイ　ヘン
Rìyǔ　hěn

日语 很（A）。

A: _____

❷ フランス語の発音は簡単ですか？

ファーユイ　ファーイン　マ
Fǎyǔ　fāyīn　ma

法语 发音（B）吗？

B: _____

7

6日め

プー
bù

不

▶ 本冊P.50とCD-22を参照しながら書き取りをしましょう。

《 今日の例文 》

はじめてではありません。

プー　シー　　ティーイーツー
Bú　shì　　dìyīcì

不 是 第一次。

私は行きません。

ゥオ　プー　チュイ
Wǒ　bú　qù

我 不 去。

彼はお酒を飲みません。

ター　プー　フヲ　チィオウ
Tā　bù　hē　jiǔ

他 不 喝 酒。

私は韓国人ではありません。

ゥオ　プー　シー　ハァンクゥオ　レン
Wǒ　bú　shì　Hánguó　rén

我 不 是 韩国 人。

私は中国語を勉強していません。

ゥオ　プー　シュエシー　ハァンユイ
Wǒ　bù　xuéxí　Hànyǔ

我 不 学习 汉语。

練習してみよう

次の日本語に合うように、空いている部分に中国語を書いてみましょう。

❶ 彼は日本人ではありません。

ター　シー　リーベェン　レン
Tā　shì　Rìběn　rén

他 (A) 是 日本 人。

A: ☐

❷ 日本語は難しくありません。

リーユイ　プー
Rìyǔ　bù

日语 不 (B)。

B: ☐

答え：❶他（不）是日本人。❷日语不（难）。

8

7日め

トヲ
de

的

▶ 本冊P.52とCD-23を参照しながら書き取りをしましょう。

《 今日の例文 》

あなたの目はとてもきれいですね。

ニー　トヲ　　ィエンチィン　ヘェン　ピァオリァン
Nǐ　 de　 yǎnjing　 hěn　 piàoliang

你 的 眼睛 很 漂亮。

あなたのメガネはとてもすてきです。

ニー　トヲ　　ィエンチィン　ヘェン　ハァオカァン
Nǐ　 de　 yǎnjing　 hěn　 hǎokàn

你 的 眼镜 很 好看。

今日は私の誕生日です。

インティエン　シー　ウオ　トヲ　シヲンリー
Jīntiān　shì　wǒ　de　shēngrì

今天 是 我 的 生日。

私は色黒なんです。

ウオ　トヲ　ピーフー　ヘェン　ヘェイ
Wǒ　de　pífū　hěn　hēi

我 的 皮肤 很 黑。

私の財布

ウオ　トヲ　チェンバァオ
wǒ　de　qiánbāo

我 的 钱包

練習してみよう

次の日本語に合うように、空いている部分に中国語を書いてみましょう。

❶ 私の頭

ウオ　　トヲウ
wǒ　　tóu

我 (A) 头

A:

❷ 彼女の髪の毛

トヲ　トォウファ
de　tóufa

(B) 的 头发

B:

8日め

ヂヲ　　ナー
zhè　　nà

这、那

▶ 本冊P.54とCD-24を参照しながら書き取りをしましょう。

《 今日の例文 》

これはあなたのカバンですか？

ヂヲ　シー　ニー　トヲ　パァオ　マ
Zhè　shì　nǐ　de　bāo　ma

这 是 你 的 包 吗？

これは彼の本です。

ヂヲ　シー　ター　トヲ　シゥ
Zhè　shì　tā　de　shū

这 是 他 的 书。

あれはあなたの腕時計ですか？

ナー　シー　ニー　トヲ　ショウビァオ　マ
Nà　shì　nǐ　de　shǒubiǎo　ma

那 是 你 的 手表 吗？

あれもあなたのものですか？

ナー　イエ　シー　ニー　トヲ　マ
Nà　yě　shì　nǐ　de　ma

那 也 是 你 的 吗？

いいえ、あれは私のものではありません。

ブーシー　ナー　ブー　シー　ゥオ　トヲ
Búshì　nà　bú　shì　wǒ　de

不是, 那 不 是 我 的。

練習してみよう

次の日本語に合うように、空いている部分に中国語を書いてみましょう。

❶ これは鉛筆です。

　　　シー　チェンビー
　　　shì　qiānbǐ
(A)　是　铅笔。

A: ☐

❷ あれは携帯電話です。

　　　シー　ショウヂー
　　　shì　shǒujī
(B)　是　手机。

B: ☐

答え：❶ (这) 是 铅笔。　❷ (那) 是 手机。

10

9日め

パ
ba

吧

▶ 本冊P.56とCD-25を参照しながら書き取りをしましょう。

今日の例文

少し散歩しましょうか！

チュイ　サァンサァンプー　　パ
Qù　　sànsanbù　　　ba

去　散散步　吧！

音楽を聞きましょう。

ティン　インユエ　パ
Tīng　yīnyuè　ba

听 音乐 吧。

一緒に行きましょう。

ゥオメェン　イーチー　チュイ　パ
Wǒmen　yìqǐ　qù　ba

我们 一起 去 吧。

食べましょう！

チー　パ
Chī　ba

吃 吧！

入ってみましょう！

チンチュィ　カァンカァン　パ
Jìnqù　kànkan　ba

进去 看看 吧！

練習してみよう

次の日本語に合うように、空いている部分に中国語を書いてみましょう。

❶ 飲みましょう！

フヲ
Hē

喝 (A)！

A:　　　　　

❷ いいですね。

パ
ba

(B) 吧。

B:　　　　　

11

10日め

ヂェン タァイ プータァイ
zhēn tài bútài

真、太、不太

▶ 本冊P.58とCD-26を参照しながら書き取りをしましょう。

《 今日の例文 》

本当にかわいい！

ヂェン　クヲアイ
Zhēn　kě'ài

真 可爱！

ああ、疲れた！

タァイ　レェイ　ラ
Tài　lèi　le

太 累 了！

本当に安い！

ヂェン　ピェンイー
Zhēn　piányi

真 便宜！

わっ、広いですね！

タァイ　ター　ラ
Tài　dà　le

太 大 了！

値段はあまり高くないですね。

チィアクヲ　プー　タァイ　クゥイ
Jiàgé　bú　tài　guì

价格 不 太 贵。

練習してみよう

次の日本語に合うように、空いている部分に中国語を書いてみましょう。

❶ とてもよい！

タァイ　　ラ
Tài　　le

太（A）了！

A:

❷ あまりよくない。

　　ハァオ
　　hǎo

（B）好。

B:

11日め

ザァイ
zài

在

▶ 本冊P.64とCD-27を参照しながら書き取りをしましょう。

今日の例文

あなたのお母さんは、今日、家にいますか？

ニー	マーマ	チンティエン	ザァイ	チィア	マ
Nǐ	māma	jīntiān	zài	jiā	ma

你 妈妈 今天 在 家 吗？

ボールペンは机の上にあります。

ユエンヂュピー	ザァイ	ヂゥオズ	シァン
Yuánzhūbǐ	zài	zhuōzi	shàng

圆珠笔 在 桌子 上。

彼は病院にいます。

ター	ザァイ	イーユエン
Tā	zài	yīyuàn

他 在 医院。

彼女は会社にいます。

ター	ザァイ	コォンスー
Tā	zài	gōngsī

她 在 公司。

鍵は机の上にあります。

ィアオシ	ザァイ	ヂゥオズ	シァン
Yàoshi	zài	zhuōzi	shàng

钥匙 在 桌子 上。

練習してみよう

次の日本語に合うように、空いている部分に中国語を書いてみましょう。

❶ 私の母は病院にいます。

ウォ	マーマ		イーユエン
Wǒ	māma		yīyuàn

我 妈妈（A）医院。

A: ⬜

❷ 携帯電話は机の上にあります。

ショウチー	ザァイ		シァン
Shǒujī	zài		shàng

手机 在（B）上。

B: ⬜

答え：❶ 我 妈妈（在）医院。 ❷ 手机 在（桌子）上。

13

12日め

ィオウ
yǒu

有

▶ 本冊 P.66 と CD-28 を参照しながら書き取りをしましょう。

今日の例文

あそこに専門店があります。

ナアル　　イオウ　　ヂュアンマァイティエン
Nàr　　　yǒu　　　zhuānmàidiàn

那儿 有 专卖店。

ここに郵便局があります。

ヂヲアル　イオウ　イオウチュイ
Zhèr　　yǒu　　yóujú

这儿 有 邮局。

教室に人はいますか？

チァオシー　イオウ　レェン　マ
Jiàoshì　　yǒu　　rén　　ma

教室 有 人 吗？

ここに書店があります。

ヂヲアル　イオウ　シュティン
Zhèr　　yǒu　　shūdiàn

这里 有 书店。

チャイナドレスはありますか？

イオウ　　チーパァオ　マ
Yǒu　　　qípáo　　　ma

有 旗袍 吗？

練習してみよう

次の日本語に合うように、空いている部分に中国語を書いてみましょう。

❶ あそこに郵便局があります。

ナアル　　　　イオウチュイ
Nàr　　　　　yóujú

那儿（A）邮局。

A: ☐

❷ あそこに郵便局はありません。

ナアル　　　　イオウチュイ
Nàr　　　　　yóujú

那儿（B）邮局。

B: ☐

14

13日め

シェンマヲ
shénme
什么

▶ 本冊P.68とCD-29を参照しながら書き取りをしましょう。

《 今日の例文 》

あれは何ですか？

ナー　シー　シェンマヲ
Nà　shì　shénme

那 是 什么？

あれらは何ですか？

ナーシィエ　シー　シェンマヲ
Nàxiē　shì　shénme

那些 是 什么？

あなたはどんな人を探しているのですか？

ニー　ヂァオ　シェンマヲ　レェン
Nǐ　zhǎo　shénme　rén

你 找 什么 人？

どんな人が買っていきますか？

シェンマヲ　レェン　マァイ
Shénme　rén　mǎi

什么 人 买？

これは何ですか？

ヂォ　シー　シェンマヲ
Zhè　shì　shénme

这 是 什么？

練習してみよう

次の日本語に合うように、空いている部分に中国語を書いてみましょう。

❶ これらは何ですか？

ヂォシィエ　シー
Zhèxiē　shì

这些 是 (A)？

A: ☐

❷ あなたは何を探しているのですか？

　　ヂァオ　シェンマヲ
　　zhǎo　shénme

(B) 找 什么？

B: ☐

14日め

トゥオシァオ
duōshǎo
多少

▶ 本冊P.70とCD-30を参照しながら書き取りをしましょう。

今日の例文

いくらですか？

トゥオシァオ　チェン
Duōshǎo　qián
多少 钱？

何日ですか？

トゥオシァオ　ティエン
Duōshǎo　tiān
多少 天？

あそこに何人いますか？

ナーリ　ィオウ　トゥオシァオ　レェン
Nàli　yǒu　duōshǎo　rén
那里 有 多少 人？

何年（どのくらいの年数）ですか？

トゥオシァオ　ニェン
Duōshǎo　nián
多少 年？

図書館に何人いますか？

トゥシゥクゥアン　ィオウ　トゥオシァオ　レェン
Túshūguǎn　yǒu　duōshǎo　rén
图书馆 有 多少 人？

練習してみよう

次の日本語に合うように、空いている部分に中国語を書いてみましょう。

❶ 会議室に何人いますか？

フゥイイーシー　ィオウ　レェン
Huìyìshì　yǒu　rén
会议室 有（A）人？

A: ☐

❷ 教室に何人いますか？

チァオシー　ィオウ　トゥオシァオ
Jiàoshì　yǒu　duōshǎo
教室 有 多少（B）？

B: ☐

答え：❶ 多少（CD-30を参考に）？ ❷ 多少（CD-30を参考に）？

16

15日め

クヲ
ge

个

▶ 本冊P.72とCD-31を参照しながら書き取りをしましょう。

今日の例文

1つ、2つ、3つ……

| イー | クヲ | リャン | クヲ | サァン | クヲ |
| Yí | ge | liǎng | ge | sān | ge |

一个，两个，三个……

1台の自動車

| イー | リャン | チーチヲ |
| yí | liàng | qìchē |

一辆汽车

3匹の魚

| サァン | ティアオ | ユイ |
| sān | tiáo | yú |

三条鱼

5つしか買いませんよ。

| ゥオ | チィオウ | マァイ | ウー | クヲ |
| Wǒ | jiù | mǎi | wǔ | ge |

我就买五个。

5つだと50元ですね。

| ウー | クヲ | ウーシー | クゥアイ |
| Wǔ | ge | wǔshí | kuài |

五个五十块。

練習してみよう

次の日本語に合うように、空いている部分に中国語を書いてみましょう。

❶ 3本の傘

| サァン | ユイサァン |
| sān | yǔsǎn |

三（A）雨伞

A: _____

❷ 7匹の猫

| チー | マァオ |
| qī | māo |

七（B）猫

B: _____

17

16日め

ゥエイシェンマヲ
wèishénme
为什么

▶ 本冊P.74とCD-32を参照しながら書き取りをしましょう。

今日の例文

なぜ、チャイナドレスを2着も買ったのですか？

ゥエイシェンマヲ　マァイ　リァン　チェン　チーパァオ
Wèishénme　mǎi　liǎng　jiàn　qípáo

为什么 买 两 件 旗袍?

なぜ高いのを買うのですか？

ゥエイシェンマヲ　マァイ　クゥイ　トヲ
Wèishénme　mǎi　guì　de

为什么 买 贵 的?

なぜ傘をささないのですか？

ゥエイシェンマヲ　ブー　ター　ユイサァン
Wèishénme　bù　dǎ　yǔsǎn

为什么 不 打 雨伞?

なぜお酒を飲まないのですか？

ゥエイシェンマヲ　ブー　フヲ　チィオウ
Wèishénme　bù　hē　jiǔ

为什么 不 喝 酒?

なぜお茶を飲まないのですか？

ゥエイシェンマヲ　ブー　フヲ　チァ
Wèishénme　bù　hē　chá

为什么 不 喝 茶?

練習してみよう

次の日本語に合うように、空いている部分に中国語を書いてみましょう。

❶ なぜ安いのを買うのですか？

マァイ　ピエンイー　トヲ
mǎi　piányi　de

（A） 买 便宜 的?

A:

❷ なぜ帽子をかぶっているのですか？

ゥエイシェンマヲ　マァオズ
Wèishénme　màozi

为什么 （B） 帽子?

B:

17日め

チー
jǐ
几

▶ 本冊 P.76 と CD-33 を参照しながら書き取りをしましょう。

今日の例文

今、何時ですか？

シェンザァイ　チー　ティエン
Xiànzài　jǐ　diǎn

现在 几 点？

明日は何日ですか？

ミィンティエン　チー　ハァオ
Míngtiān　jǐ　hào

明天 几 号？

何歳？

チー　スゥイ
Jǐ　suì

几 岁？

何時何分ですか？

チー　ティエン　チー　フェン
Jǐ　diǎn　jǐ　fēn

几 点 几 分？

明日は何曜日ですか？

ミィンティエン　シー　シィンチー　チー
Míngtiān　shì　xīngqī　jǐ

明天 是 星期 几？

練習してみよう

次の日本語に合うように、空いている部分に中国語を書いてみましょう。

❶ **今日は何日ですか？**

チィンティエン　ハァオ
Jīntiān　hào

今天（A）号？

A: _____

❷ **今日は何曜日ですか？**

チィンティエン　シー　　　チー
Jīntiān　shì　　　jǐ

今天 是（B）几？

B: _____

18日め

ナアル
nǎr
哪儿

▶ 本冊P.78とCD-34を参照しながら書き取りをしましょう。

《 今日の例文 》

食堂はどこですか？

ツァンティン　ザァイ　　ナアル
Cāntīng　　zài　　　nǎr

餐厅　在　哪儿？

銀行はどこですか？

インハァン　ザァイ　ナアル
Yínháng　　zài　　nǎr

银行　在　哪儿？

地下鉄の駅はどこですか？

ティーティーエヂァン　ザァイ　ナアル
Dìtiězhàn　　　zài　　nǎr

地铁站　在　哪儿？

トイレはどこですか？

ツヲスゥオ　ザァイ　ナアル
Cèsuǒ　　zài　　nǎr

厕所　在　哪儿？

あなたはどこに行くのですか？

ニー　チュイ　ナアル
Nǐ　　qù　　nǎr

你　去　哪儿？

練習してみよう

次の日本語に合うように、空いている部分に中国語を書いてみましょう。

❶ 郵便局はどこですか？

ィオウチュイ　ザァイ
Yóujú　　zài

邮局　在　(A)？

A: _____

❷ 教室はどこですか？

チァオシー　　　　ナアル
Jiàoshì　　　　　nǎr

教室（B）哪儿？

B: _____

答え：❶ 邮局 在（哪儿）？　❷ 教室（在）哪儿？

20

19日め

ラ
le
了

▶ 本冊P.80とCD-35を参照しながら書き取りをしましょう。

今日の例文

着きましたね。
タァオ　ラ
Dào　le
到 了。

行きました。
ズォウ　ラ
Zǒu　le
走 了。

戻ってきていません。
メェイ　フゥイラァイ
Méi　huílái
没 回来。

来ました。
ラァイ　ラ
Lái　le
来 了。

コーヒーを1杯飲みました。
フヲ　ラ　イー　ベェイ　カーフェイ
Hē　le　yì　bēi　kāfēi
喝 了 一 杯 咖啡。

到着していません。
メェイ　タァオ
Méi　dào
没 到。

練習してみよう

次の日本語に合うように、空いている部分に中国語を書いてみましょう。

❶ 彼は来ました。
　ター　ラァイ
　Tā　Lái
　他 来（A）。
　A: _____

❷ 彼は戻ってきていません。
　ター　　フゥイラァイ
　Tā　　huílái
　他（B）回来。
　B: _____

答え：❶ 他来（了）。 ❷ 他（没）回来。

21

20日め

チィン
qǐng
请

▶ 本冊P.82とCD-36を参照しながら書き取りをしましょう。

今日の例文

こちらにお座りください。

チィン　ズゥオ　ヂヲピィエン
Qǐng　zuò　zhèbiān

请 坐 这边。

注意してください。

チィン　ヂゥイー
Qǐng　zhùyì

请 注意。

ちょっと見てください。

チィン　カァン　イーシィア
Qǐng　kàn　yíxià

请 看 一下。

お茶をお飲みください。

チィン　フヲ　チャ
Qǐng　hē　chá

请 喝 茶。

車をお降りください。

チィン　シィア　チヲ
Qǐng　xià　chē

请 下 车。

練習してみよう

次の日本語に合うように、空いている部分に中国語を書いてみましょう。

❶ ちょっと引いてください。

ラー　イーシィア
lā　yíxià

(A) 拉 一下。

A:　　　　　

❷ ちょっと押してください。

チィン　トゥイ
Qǐng　tuī

请 推 (B)。

B:　　　　　

答え：❶ (请) 拉 一下。　❷ 推 (一下)。

21日め

ィアオ
yào

要

▶ 本冊 P.88 と CD-37 を参照しながら書き取りをしましょう。

今日の例文

麻婆豆腐をください。

ゥオ　ィアオ　　　マーポォトォウフ
Wǒ　yào　　　mápódòufu

我 要 麻婆豆腐。

これをください。
ゥオ　ィアオ　ヂヲクヲ
Wǒ　yào　zhège

我 要 这个。

コーヒーをください。
ゥオ　ィアオ　カーフェイ
Wǒ　yào　kāfēi

我 要 咖啡。

大きいのをください。
ゥオ　ィアオ　ター　トヲ
Wǒ　yào　dà　de

我 要 大 的。

上海に行きたいです。
ゥオ　ィアオ　チュイ　シァンハァイ
Wǒ　yào　qù　Shànghǎi

我 要 去 上海。

練習してみよう

次の日本語に合うように、空いている部分に中国語を書いてみましょう。

❶ 北京ダックをください。
ゥオ　　　ベェイチィンカァオィアー
Wǒ　　　běijīngkǎoyā

我（A）北京烤鸭。

A: ☐

❷ チャーハンをください。
ゥオ　ィアオ
Wǒ　yào

我 要（B）。

B: ☐

答え： ❶ 我（要）北京烤鸭。 ❷ 我 要（炒饭）。

23

22日め

フヲ
hé
和

▶ 本冊P.90とCD-38を参照しながら書き取りをしましょう。

今日の例文

ビールと白酒があります。

ィオウ　ピーチィオウ　フヲ　パァイチィオウ
Yǒu　　píjiǔ　　　hé　　báijiǔ
有 啤酒 和 白酒。

リンゴとミカン

ピィンクゥオ　フヲ　チュイズ
píngguǒ　　hé　　júzi
苹果 和 桔子

タバコと酒と化粧品

ィエン　チィオウ　フヲ　フゥアヂゥアンピン
yān　　jiǔ　　hé　　huàzhuāngpǐn
烟、酒 和 化妆品

私は餃子と担担麺にします。

ゥオ　ィアオ　チァオズ　フヲ　ターンタァンミェン
Wǒ　yào　jiǎozi　hé　dàndànmiàn
我 要 饺子 和 担担面。

練習してみよう

次の日本語に合うように、空いている部分に中国語を書いてみましょう。

❶ ご飯と麺類

ミーファン　　　ミェンティアオ
mǐfàn　　　　miàntiáo
米饭（A）面条

A: ☐

❷ 肉と魚

ロォウ　フヲ
ròu　hé
肉 和（B）

B: ☐

24

23日め

ハァイシー
háishi

还是

▶ 本冊P.92とCD-39を参照しながら書き取りをしましょう。

今日の例文

ウーロン茶、それともジャスミン茶？

ウーロォンチァ　　　ハァイシー　　　モォリーフゥアチァ
Wūlóngchá　　　　háishi　　　　mòlìhuāchá

乌龙茶，还是 茉莉花茶？

マクドナルドそれともケンタッキー？

マァイタァンラァオ　ハァイシー　ケェントヲチー
Màidāngláo　　　háishi　　　Kěndéjī

麦当劳 还是 肯德基？

肉まんそれとも揚げパン？

パァオズ　　ハァイシー　　ィオウティアオ
Bāozi　　　háishi　　　yóutiáo

包子 还是 油条？

紹興酒それとも青島ビール？

シァオシィンチィオウ　ハァイシー　チィンタァオピーチィオウ
Shàoxīngjiǔ　　　háishi　　　qīngdǎopíjiǔ

绍兴酒 还是 青岛啤酒？

練習してみよう

次の日本語に合うように、空いている部分に中国語を書いてみましょう。

❶ ご飯それともパン？

ミーファン　　　ミェンバァオ
Mǐfàn　　　　miànbāo?

米饭（A）面包?

A: _____

❷ プーアル茶それとも菊花茶？

プーアルチァ　　ハァイシー
Pǔ'ěrchá　　　háishi

普洱茶 还是（B)?

B: _____

25

24日め

ゼェンマヲ
zěnme

怎么

▶ 本冊P.94とCD-40を参照しながら書き取りをしましょう。

今日の例文

会計はどうやってするのですか？

ゼェンマヲ　　マァイタァン
Zěnme　　　mǎidān

怎么 买单？

どうやって手紙を出すのですか？

ゼェンマヲ　チー　シン
Zěnme　　jì　xìn

怎么 寄 信？

どのように連絡するのですか？

ゼェンマヲ　　リェンシー
Zěnme　　　liánxì

怎么 联系？

どうやって両替するのですか？

ゼェンマヲ　　フゥアンチェン
Zěnme　　　huànqián

怎么 换钱？

北京ダックはどうやって食べるのですか？

ペェイチィンカァオイアー　　ゼェンマヲ　チー
Běijīngkǎoyā　　　　　　zěnme　　chī

北京烤鸭 怎么 吃？

練習してみよう

次の日本語に合うように、空いている部分に中国語を書いてみましょう。

❶ どうやって空港に行くのですか？

チュイ　チーチァン
qù　　jīchǎng

（A） 去 机场？

A:

❷ どうやってホテルに戻るのですか？

ゼェンマヲ　　ファンティエン
Zěnme　　　fàndiàn

怎么（B）饭店？

B:

26

25日め

シェンマヲシーホォウ
shénme shíhòu
什么时候

▶ 本冊P.96とCD-41を参照しながら書き取りをしましょう。

《 今日の例文 》

日本にはいつ帰るのですか？

ニー　　　シェンマヲシーホォウ　　　フゥイ　　　リーペェン
Nǐ　　　shénme shíhòu　　　huí　　　Rìběn

你 什么时候 回 日本？

いつ開店するのですか？

シェンマヲシーホォウ　　カァイメェン
Shénme shíhòu　　kāimén

什么时候 开门？

いつ出発するのですか？

シェンマヲシーホォウ　　チュファー
Shénme shíhòu　　chūfā

什么时候 出发？

いつ閉店するのですか？

シェンマヲシーホォウ　　クゥアンメェン
Shénme shíhòu　　guānmén

什么时候 关门？

あなたはいつ上海に行くのですか？

ニー　　シェンマヲシーホォウ　　チュイ　　シァンハァイ
Nǐ　　shénme shíhòu　　qù　　Shànghǎi

你 什么时候 去 上海？

練習してみよう

次の日本語に合うように、空いている部分に中国語を書いてみましょう。

❶ **中国にはいつ帰るのですか？**

ニィ　　　フゥイ　　チォンクゥオ
Nǐ　　　huí　　Zhōngguó

你（A）回 中国？

A: ☐

❷ **いつ集合するのですか？**

シェンマヲシーホォウ
Shénme shíhòu

什么时候（B）？

B: ☐

27

26日め

シァン
xiǎng
想

▶ 本冊P.98とCD-42を参照しながら書き取りをしましょう。

今日の例文

私も日本に行きたいです。

ゥオ　ィエ　シァン　チュイ　リーペェン
Wǒ　yě　xiǎng　qù　Rìběn
我 也 想 去 日本。

お風呂に入りたいです。

ゥオ　シァン　シーザァオ
Wǒ　xiǎng　xǐzǎo
我 想 洗澡。

これは食べたくありません。

ゥオ　ブー　シァン　チー　ヂヲクヲ
Wǒ　bù　xiǎng　chī　zhège
我 不 想 吃 这个。

日本のどこに行きたいのですか？

ニー　シァン　チュイ　リーペェン　トヲ　シェンマヲ　ティーファン
Nǐ　xiǎng　qù　Rìběn　de　shénme　dìfang
你 想 去 日本 的 什么 地方？

練習してみよう

次の日本語に合うように、空いている部分に中国語を書いてみましょう。

❶ 中国に行きたいです。

ゥオ　　　チュイ　ヂォンクゥオ
Wǒ　　　qù　Zhōngguó
我 （A） 去 中国。

A: ☐

❷ これを食べたいです。

ゥオ　シァン　　　ヂヲクヲ
Wǒ　xiǎng　　　zhège
我 想 （B） 这个。

B: ☐

答え：❶ 我（想）去中国。 ❷ 我想（吃）这个。

28

27日め

クゥオ
guò
过

▶ 本冊P.100とCD-43を参照しながら書き取りをしましょう。

《今日の例文》

中国で、動物園に行ったことがありますか？

ザイ　ヂォンクゥオ　　ニー　チュイ　クゥオ　トンウーユエン　　マ
Zài　Zhōngguó　　nǐ　qù　guò　dòngwùyuán　ma

在 中国, 你 去 过 动物园 吗?

中国でクレジットカードを使ったことがあります。

ウォ　ザイ　ヂォンクゥオ　ヨン　クゥオ　シンヨンカー
Wǒ　zài　Zhōngguó　yòng　guò　xìnyòngkǎ

我 在 中国 用 过 信用卡。

北京で地下鉄に乗ったことはありません。

ウォ　ザイ　ペイチン　メイ　ズゥオ　クゥオ　ティーティエ
Wǒ　zài　Běijīng　méi　zuò　guò　dìtiě

我 在 北京 没 坐 过 地铁。

練習してみよう

次の日本語に合うように、空いている部分に中国語を書いてみましょう。

❶ 彼女は動物園に行ったことがあります。

ター　チュイ　　　トンウーユエン
Tā　qù　　　dòngwùyuán

她 去 （A） 动物园。

A: _____

❷ あなたは太極拳を習ったことがありますか？

ニー　シュエ　クゥオ　　　マ
Nǐ　xué　guò　　　ma

你 学 过 （B） 吗?

B: _____

28日め

クヲイー
kěyǐ
可以

▶ 本冊P.102とCD-44を参照しながら書き取りをしましょう。

今日の例文

今、電話をかけてもいいですか？

シェンザァイ　クヲイー　ター　ティエンフゥア　マ
Xiànzài　kěyǐ　dǎ　diànhuà　ma
现在 可以 打 电话 吗?

ミルクを入れてもいいですか？

クヲイー　ファン　ニィオウナァイ　マ
Kěyǐ　fàng　niúnǎi　ma
可以 放 牛奶 吗?

お酒を飲まなくてもいいですか？

クヲイー　ブー　フヲ　チィオウ　マ
Kěyǐ　bù　hē　jiǔ　ma
可以 不 喝 酒 吗?

いいですよ。

クヲイー
Kěyǐ
可以。

ガイドさんに尋ねてもいいです。

ニー　クヲイー　ゥエン　ダァオィオウ
Nǐ　kěyǐ　wèn　dǎoyóu
你 可以 问 导游。

練習してみよう

次の日本語に合うように、空いている部分に中国語を書いてみましょう。

❶ 牛乳を飲まなくてもいいですか？

　　　　ブー　フヲ　ニィオウナァイ　マ
　　　　bù　hē　niúnǎi　ma
（A） 不 喝 牛奶 吗?

A:

❷ 入ってもいいですか？

クヲイー　　　　マ
Kěyǐ　　　　ma
可以（B）吗?

B:

30

29日め

ノヲン　フゥイ
néng　huì

能・会

▶ 本冊P.104とCD-45を参照しながら書き取りをしましょう。

《 今日の例文 》

李さんはピアノが弾けます。

リー　シェンシヲン　フゥイ　タァン　カァンチン
Lǐ　xiānsheng　huì　tán　gāngqín

李 先生 会 弹 钢琴。

ホテルの中で人民元を換えることができます。

ファンティエン　リー　ノヲン　フゥアン　レェンミンビー
Fàndiàn　lǐ　néng　huàn　rénmínbì

饭店 里 能 换 人民币。

明日のパーティーで、彼は伴奏できますか？

ミィンティエン　トヲ　ゥアンフゥイ　ター　ノヲン　バァンズォウ　マ
Míngtiān　de　wǎnhuì　tā　néng　bànzòu　ma

明天 的 晚会，他 能 伴奏 吗？

練習してみよう

次の日本語に合うように、空いている部分に中国語を書いてみましょう。

❶ ホテルの中で日本円を換えることができます。

ファンティエン　リー　フゥアン　リーュエン
Fàndiàn　lǐ　huàn　rìyuán

饭店 里（A）换 日元。

A: ☐

❷ 私はピアノを弾けます。

ゥオ　タァン　カァンチン
Wǒ　tán　gāngqín

我（B）弹 钢琴。

B: ☐

31

30日め

ザァイ　ヂヲンザァイ
zài　　zhèngzài

在・正在

▶ 本冊P.106とCD-46を参照しながら書き取りをしましょう。

《 今日の例文 》

パーティー会場の場所を確認しているところです。

ゥオ　ザァイ　チュエレェン　ゥアンフゥイ　トヲ　フゥイチャン
Wǒ　zài　quèrèn　wǎnhuì　de　huìchǎng

我 在 确认 晚会 的 会场。

彼は散歩をしているところです。

ター　ザァイ　サァンブー
Tā　zài　sànbù

他 在 散步。

彼女はちょうど洗濯をしているところです。

ター　ヂヲンザァイ　シー　イーフ
Tā　zhèngzài　xǐ　yīfu

她 正在 洗 衣服。

李さんはちょうどピアノを弾いているところでした。

リー　シェンシヲン　ヂヲンザァイ　タァン　カァンチン
Lǐ　xiānsheng　zhèngzài　tán　gāngqín

李 先生 正在 弹 钢琴。

練習してみよう

次の日本語に合うように、空いている部分に中国語を書いてみましょう。

❶ 彼らは散歩をしているところです。

ターメン　　　サァンブー
Tāmen　　　sànbù

他们（A）散步。

A: _____

❷ 彼女はお風呂に入っている最中です。

ター　　　シーザオ
Tā　　　xǐzǎo

她（B）洗澡。

B: _____